W0252699

Smoothies zum Abnehmen

Die 150 besten und leckersten Smoothie Rezepte in einem Buch!

Gesund Abnehmen, Entschlacken und Entgiften leicht gemacht, für mehr Energie im Alltag (inkl. Nährwertangaben)

2. Auflage

ISBN: 9781791690779

Inhaltsverzeichnis

Einleitung

Die Welt wird immer bunter und moderner. Das gilt auch für den Bereich der Nahrungsmittel. Immer mehr Menschen legen großen Wert darauf, sich gesund und kalorienbewusst zu ernähren. Doch diese gesunde Ernährung im Arbeitsalltag zu integrieren, gestaltet sich häufig als nicht besonders leicht. Der zeitliche Druck wird immer größer und lockt dazu, sich öfter mal von Fastfood zu ernähren.

Um dennoch eine ausgewogene Ernährung zu erreichen, bieten sich die modernen und vor allem leckeren Smoothies an. Sie sind lecker und gesund und lassen sich wunderbar im Alltag mit einbeziehen, da sie lediglich getrunken werden müssen. Der Körper wird somit mit allen wichtigen Nährstoffen versorgt, die er benötigt, um die notwendige Energie für lange Arbeitstage aufzubringen.

In unserem Buch möchten wir Sie nicht nur für den Smoothie begeistern, sondern Ihnen auch wertvolle Tipps und natürlich viele Rezepte mitgeben. Ein Smoothie ist ein sogenanntes Ganzfruchtgetränk, da hier auch die Schale und das Kerngehäuse effektiv mitverarbeitet wird. Er ist wohltuend und gesund und überzeugt durch seine luftige und cremige Konsistenz und selbstverständlich durch seinen intensiven Geschmack. Die Rezepte, die wir Ihnen nachfolgend vorstellen, sind überaus vielfältig, so dass sie perfekt auf Ihren eigenen Geschmack abgestimmt werden können. Die Smoothies lassen sich einfach und leicht zubereiten und laden dazu ein, einmal probiert zu werden!

Die Geschichte des Smoothie

Der Begriff Smoothie stammt eigentlich aus dem Englischen und bedeutet weich, geschmeidig, glatt. In der Übersetzung steht das Wort für Püreesaft oder Weichsaft. Die Bezeichnung stammt aus dem Amerikanischen und steht für kalte Mixgetränke aus Obst und Milch. Bei einem Smoothie werden ganze Früchte verarbeitet und mit Wasser, Kokosmilch oder anderen Milchprodukten vermischt. So entsteht eine sämige und sehr cremige Konsistenz, für welche die Smoothies bekannt sind.

Smoothies gibt es in unzähligen Varianten, angefangen von Smoothies aus Frucht mit Fruchtfleisch bis hin zu grünen Smoothies, die aus Blattgemüse oder Garten- und Wildkräutern bestehen. Zudem gibt es Smoothies mit Milch, Eiscreme oder Joghurt. Auch Proteine und Mineralstoffe werden in den Smoothies häufig mit eingearbeitet, um ihnen das besondere Etwas zu verleihen.

Der Begriff Smoothie

Zum ersten Mal erscheint das Wort Smoothie in einem amerikanischen Wörterbuch. 1994 war es unter einer ganz anderen Bedeutung zu finden. Zu der Zeit wurde das Wort Smoothie in Bezug auf eine Person angewendet, die sehr gute Manieren hat und sich sehr redegewandt dargestellte. Erst nach einigen Jahren wurde der Begriff auch für andere Definitionen verwendet. Er ist von verschiedensten Branchen für allerlei Produkte verwendet worden. Die heutige und aktuelle Definition kam erst in den 1980er Jahren dazu. Zu der Zeit startete der Fitnesstrend durch die Welt und der Smoothie in seiner heutigen Form wurde geboren.

Die Stationen des Smoothies

Um 1920 wurden die Smoothies in den sogenannten Saftbars in Amerika zum ersten Mal angeboten. Zu den bekanntesten Saftbars gehörte die Bar von Julius Freed, der 1929 die erste Kette in dieser Richtung gründete. Mehr als 100 Bars unter dem Namen Orange Julius hatten den Smoothie nun im Angebot.

Bevor die Kette gegründet werden konnte, hat Julius 1926 in Los Angeles einen Saft kreiert, der aus Vanilleextrakt, Zucker, Eis, gepresstem Saft und Wasser bestand Das war der erste Smoothie. Mit diesem Rezept hat sich sein ganzes Unternehmen entwickelt, so dass er seine Saftbarkette eröffnen konnte. Das war der Beginn seiner größten Erfolge.

Während der Smoothie bis in die 60er Jahre nur ein leckeres Getränk war, wurde der Smoothie anschließend zu einem Trendgetränk für Menschen, die sich gesundheitsbewusst ernährten. Gerade Vegetarier waren von dem Getränk sehr angetan. Zu der Zeit bestanden die Fruchtsäfte aus Püree und Eis und waren in Health-Food-Restaurants zu finden.

Als Gründer der Smoothie-Vermarktung ist Stephan Kuhnau bekannt. Er eröffnete 1973 ein solches Restaurant und begann neben den Smoothies auch Energie-Drinks und Nahrungsergänzungsmittel zu verkaufen. Neben der Basismischung setze er auf neue Innovationen und mischte verschiedene Früchte mit unterschiedlichen Lebensmittelstoffen. 1987 gründete er den Smoothie King. Das Franchise Unternehmen verbreitete die Smoothies relativ schnell im ganzen Land.

Zu Beginn der Smoothies gab es sie nur in Saftbars. Dort wurden die Smoothies aus den Früchten und Lebensmittelzusätzen frisch hergestellt. In den letzten Jahren hat sich das Trendgetränk jedoch immer weiterentwickelt. Mittlerweile gibt es Smoothies nicht nur in der Gastronomie zu kaufen, sondern auch im Handel oder in Fitness Studios.

Abnehmen ist ganz einfach – theoretisch!

In der heutigen Zeit ist eine gesunde Lebensweise ein Muss, um den Körper lange Jahre fitzuhalten. Mittlerweile ist jeder dritte Deutsche bereits übergewichtig, was zum Teil schon bei den Kindern anfängt. Der Trend geht immer mehr in die Fettleibigkeit, was allerdings mehr als ungesund ist. Die Muskeln, die Gelenke und auch das Herz sind für ein hohes Körpergewicht nicht ausgelegt. Mittlerweile haben viele Menschen erkannt, dass ein gesundes Körpergewicht auch für ein angenehmes Leben steht. Dabei ist Abnehmen die Devise. Schauen wir uns dabei später einmal die Wirksamkeit eines Smoothies an!

Diäten bringen selten Erfolg

Abnehmen lässt sich auf verschiedene Arten. Mittlerweile gibt es unzählige Diäten, die einen schnellen und dauerhaften Erfolg versprechen. Leider sieht die Realität häufig ganz anders aus. Während einige Menschen mit diesen Diäten gar nicht abnehmen, verlieren die anderen viel Gewicht. Aber schon nach kurzer Zeit sind die Kilos wieder drauf, wenn das normale Essverhalten wieder aufgenommen wird. Dabei ist es eigentlich ganz einfach. Damit der Körper ein gesundes Gewicht erhält und dieses auch auf Dauer gehalten werden kann, muss eine Nahrungsumstellung erfolgen.

Nahrungsumstellung mit Sport

Zu Beginn ist eine Nahrungsumstellung alles andere als einfach. Die geliebten Gerichte wie Pommes, Currywurst oder Pizza werden erstmal vom Essensplan verbannt und stattdessen durch gesunde Gerichte ersetzt, die mit viel frischem Gemüse und Fleisch zubereitet werden. Wichtig ist jedoch dabei, dass die täglich aufgenommene Kalorienanzahl gesenkt wird. Der Körper bekommt weniger Kalorien, muss aber bei der täglichen Arbeit Kalorien verbrennen. Als Unterstützung zur gesunden Ernährung mit viel Obst und Gemüse, ist Sport unerlässlich. Der Körper muss gezwungen werden, an die Reserven im Körper zu gehen. Das ist nur möglich, wenn weniger Kalorien aufgenommen werden, aber der Körper mehr Kalorien verbrennt. Kalorien verbrennen ist nur mit Sport möglich. Welcher Sport dabei gewählt wird, spielt eigentlich keine Rolle, wichtig ist nur, dass die regelmäßige Bewegung im Alltag integriert wird. Zu Beginn bieten sich 2 x 30 Minuten Sport in der Woche an. Nach vier Wochen sollte das Pensum erhöht werden, um den Kalorienverbrauch zu steigern.

Grüne Smoothies zum Abnehmen

Die grünen Smoothies können beim Abnehmen helfen, denn sie bestehen aus Pflanzengrün, süßen Früchten und Wasser. Das Pflanzengrün ist für die Abnehmerfolge zuständig, denn dort sind viele Vitamine, Spurenelemente, Pflanzenstoffe und Mineralstoffe enthalten. Zum Pflanzengrün gehören Salate, Spinat, Kohlgemüse, Wildkräuter und Blätter von Bäumen. Das Pflanzengrün enthält die höchste Nährstoffdichte und ist sehr gesund. Ein Smoothie mit den besagten Inhaltsstoffen reicht als Start in den Tag vollkommen aus. Er macht satt und versorgt den Körper gleichzeitig mit allen wichtigen Vitaminen, Spurenelementen und Mineralien. Zudem regen die Inhaltsstoffe den Stoffwechsel an. Ein angeregter Stoffwechsel sorgt dafür, dass der Körper mehr Kalorien verbrennt. Mehr Kalorien verbrennen bedeutet gleichzeitig, dass der Körper Gewicht verliert. Man beginnt also abzunehmen.

Warum ist der Smoothie so gesund?

In der kalten Zeit, wenn die Erkältung zur Tagesordnung gehört und die Kombination aus kalten Füßen und Schnupfenviren das Immunsystem angreifen, ist ein Smoothie mit Sicherheit eine gute Wahl. Das Immunsystem wird mit Vitaminen aufrecht gehalten, die den Aufbau der Abwehrkräfte unterstützen und dabei für die Gesundheit sorgen. Die beste Form der Vitaminzunahme ist das Essen von Obst. Wissenschaftler haben herausgefunden, dass jeder Mensch zwischen drei und fünf Portionen Obst am Tag zu sich nehmen soll. Dabei spielt es keine Rolle, ob es sich um Äpfel, Mandarinen, Ananas oder Birnen handelt. Wichtig ist, dass ausreichend Vitamine darin enthalten sind, die der Körper benötigt.

Der Smoothie als Alternative zu frischem Obst

Als Alternative zu einem Apfel oder einer Birne gibt es seit ein paar Jahren den sogenannten Smoothie. Der Smoothie besteht entweder aus Obst oder aus Gemüse. Gerade die Fruchtsmoothies sind sehr beliebt und seit Jahren voll im Trend. In einem Fruchtsmoothie sind Früchte mitsamt dem Fruchtfleisch enthalten. Es werden keine Inhaltsstoffe weggeschmissen. Bei den fertigen Smoothies aus dem Laden sollten Sie immer einen Blick auf die Inhaltsstoffe werfen, denn es ist wichtig, dass wirklich frisches Obst verarbeitet wird. Bei der Selbstherstellung von Fruchtsmoothies achten Sie darauf, dass Sie drei bis fünf verschiedene Obstsorten verwenden, um die wichtigsten Vitamine aufzunehmen.

Nicht jeder Smoothie ist gesund

Grundsätzlich könnte man meinen, dass jeder Smoothie gesund ist, denn es sind ja meist nur Obst und Gemüse verarbeitet worden. Das ist allerdings nicht richtig. In vielen Smoothies wird mit zusätzlichen Inhaltsstoffen gearbeitet wie beispielsweise Zucker oder Honig. Diese Dinge haben jedoch in einem gesunden Smoothie nichts zu suchen. Das gilt übrigens auch für andere Zuckeralternativen, die gerne und häufig verwendet werden. Gerade bei den Fruchtsmoothies sind pflanzliche Zuckervarianten schon durch die Früchte enthalten, nämlich den sogenannten Fruchtzucker, so dass kein zusätzlicher Zucker eingearbeitet werden muss.

Die Grundvoraussetzungen für einen gesunden Smoothie

In Bezug auf die Ernährung haben Wissenschaftler festgestellt, dass 400 Gramm Gemüse und 250 Gramm Obst am Tag zu empfehlen sind. 50 Prozent davon sollten roh aufgenommen werden. In einem Smoothie werden die Zutaten immer roh verarbeitet. Das bedeutet, ein Smoothie aus rohen Zutaten ist sehr gesund. Dabei müssen die Zutaten so frisch wie möglich ein, denn beim Verarbeiten und Zerkleinern zerfallen die Vitamine sehr schnell. Aus diesem Grund muss der Smoothie auch direkt nach der Zubereitung getrunken werden, denn dann sind die Vitamine noch weitgehend erhalten.

Was ist mit dem Fruchtzucker und seinen Auswirkungen?

Fruchtzucker ist grundsätzlich in allen Obstsorten enthalten. Dabei hat sich der menschliche Körper in den Jahrtausenden seiner Entwicklung auf den Fruchtzucker abgestimmt. In der Nahrung ist eine hohe Konzentration an Fruchtzucker enthalten. Wissenschaftler rechnen von bis zu 20 Gramm am Tag bei einer normalen Ernährung. Aber in den letzten Jahrzehnten ist die Aufnahme von Fruchtzucker stark angestiegen. Immer mehr Menschen wollten süße Lebensmittel, worauf natürlich die Industrie sofort reagiert hat. In fast allen Produkten wird dadurch heute mit Fruchtzucker gearbeitet, um die Produkte süß und lecker zu machen.

Fruchtzucker in Getränken

Gerade in Getränken ist der Fruchtzucker angestiegen. Der Konsum von süßen Getränken hat sich in den vergangenen Jahrzehnten beinahe verdoppelt. Somit hat sich auch die Aufnahme von Fruchtzucker erhöht. Dabei wird in den Getränken nicht nur mit Fruchtzucker gearbeitet, sondern auch normaler Haushaltszucker häufig eingesetzt. Hohe Mengen an Zucker sind allerdings für den Körper alles andere als gesund.

Der gesunde Fruchtzucker und Industriezucker

Fruchtzucker befindet sich überwiegend in Obst und Gemüse, der täglich aufgenommen werden sollte. Neben Fruchtzucker sind auch Mineralstoffe, Ballaststoffe, Vitamine und sekundäre Pflanzenstoffe in Obst und Gemüse enthalten. Fruchtzucker, auch unter dem Namen Fructose bekannt, gibt es in vielen Varianten. Die einfache und freie Form ist in Obst, Honig und Obstsäften enthalten. In diesem Fall ist es der sogenannte Einfachzucker, der in geringen Mengen für den Körper gesund ist. Aber es gibt auch Fruchtzucker, der als Rohstoff in der Lebensmittelindustrie eingesetzt wird, beispielsweise in Süßigkeiten, Milchshakes, Speiseeis, Getränken und Kinderlebensmitteln.

Fruchtzuckerintoleranz

In den letzten Jahren wurde immer mehr deutlich, dass knapp 20 Prozent der Menschheit eine Intoleranz gegen Fruchtzucker haben. Schon die Aufnahme von kleinen Mengen kann zu Blähungen und zu Bauchkrämpfen führen. Der Grund dafür ist der Fruchtzucker, der in Obst und Gemüse vorkommt. Bei Industriezucker sind die Probleme nicht vorhanden. Selbst Ärzte haben es lange Zeit nicht verstanden. Erst in den letzten Jahren und durch umfangreiche Forschungen wurde das Ausmaß deutlich.

Fruchtzucker sorgt für Übergewicht

Aber nicht nur die Intoleranz von Fruchtzucker ist heute ein Problem. Fruchtzucker kann bei zu hoher, dauerhafter Zufuhr zu Übergewicht führen. Die Aufnahme von großen Mengen an Fruchtzucker bringt zudem den Stoffwechsel durcheinander. Der Blutdruck erhöht sich, die Blutfettwerte steigen an und es entsteht eine sogenannte Fett-Leber. Grundsätzlich ist Fruchtzucker genauso kalorienreich wie Industriezucker. Er regt den Appetit an und kann für Übergewicht sorgen. Das ist schon von Kindesbeinen an der Fall. Gerade in Lebensmitteln, die speziell für Kinder gemacht sind, sind hohe Mengen an Fruchtzucker enthalten. Kinder lieben süße Lebensmittel und diesem Verlangen gibt die Industrie nach. Dadurch wird auch das Übergewicht gefördert, denn aus übergewichtigen Kindern werden leider auch oft übergewichtige Erwachsene.

Vorsicht bei den Etiketten

Immer mehr Menschen achten jedoch auf die Gesundheit und somit auch auf ihr Gewicht. Sie lesen die Inhaltsstoffe der Lebensmittel sehr genau, was auch der Industrie aufgefallen ist. Leider gibt es keine Kennzeichnungspflicht für Fruchtzucker und somit wird mit anderen Begriffen geschummelt. Fruchtsüße, Fruchtextrakt oder auch Saftkonzentrat sind nur andere Begriffe, die verwendet werden, um einen hohen Fruchtzuckeranteil zu deklarieren.

Die Vorteile vom Smoothie

Die Vorteile vom Smoothie jedoch liegen klar auf der Hand. Es sind wahre Nährstoffbomben, die sich zudem leicht und einfach zubereiten lassen. Sie enthalten alle wichtigen Nährstoffe und Mineralien, die der Körper benötigt, um ein Leben lang gesund zu bleiben.

Wenn wir der Empfehlung der Weltgesundheitsorganisation (WHO) folgen, sollte der Mensch am Tag ungefähr 400 Gramm Gemüse und Obst zu sich nehmen. Doch das ist manchmal leichter gesagter als getan, zumal längst nicht jeder frisches Obst und Gemüse mag. Von einem Smoothie bestehend aus Obst und Gemüse sind längst nicht alle abgeneigt, denn durch die individuellen Zusammensetzungen ergeben sich leckere Kombinationen, die nahezu jeder mag. Außerdem lässt sich der Smoothie wunderbar im Alltag integrieren, ohne dass bei der Aufnahme ein großer Aufwand notwendig ist.

In unserem Buch stellen wir nachfolgend 150 Rezepte vor, die sich einfach und leicht zubereiten lassen. Dafür ist lediglich ein Mixer oder ein handlicher Pürierstab notwendig, der die gewünschten Zutaten zu einem leckeren Smoothie verarbeitet.

Welchen Mixer soll ich verwenden?

Für die Zubereitung eines Smoothies brauchen Sie in erster Linie einen Pürierstab oder einen Mixer. Hier kommt es darauf an, wie oft ein Smoothies gemacht werden soll. Wird der Smoothie in seiner Vielfältigkeit nur ausprobiert, dann kann es ruhig ein Pürierstab oder ein Mixer aus dem vorhandenen Hausstand sein. Ist der Wunsch nach einem Smoothie aber ein tägliches Muss, sollte es schon ein Hochleistungsmixer sein.

Ein Hochleistungsmixer ist ein Muss

Der Hochleistungsmixer muss besonders leistungsstark sein. Ein grüner Smoothie zum Beispiel besteht aus Pflanzenfasern, die sehr hartnäckig sein. Nur mit einer hohen Drehzahl kann der Mixer dafür sorgen, dass die Pflanzenzellen ausreichend zerkleinert werden. Die Fasern der Pflanzen sind im Ganzen im Mixer, in dem die Zellulosewände aufgebrochen werden. Selbst der eigene Körper kann diese Funktion nicht übernehmen. Darum ist ein leistungsstarker Mixer sehr wichtig, da nur geöffnete Zellstrukturen der Grünpflanzen problemlos vom Körper verdaut werden können.

Die Vielseitigkeit von Hochleistungsmixern

Mittlerweile gibt es zahlreiche Hersteller, die Hochleistungsmixer zur Herstellung von Smoothies im Angebot haben. Gerade für die grünen Smoothies sind diese Mixer sehr gut geeignet. Die Hochleistungsmixer eignen sich aber nicht nur für die Herstellung von Smoothies, sondern auch Suppen oder Sojamilch lassen sich schnell und einfach zubereiten.

Kaufkriterien der Hochleistungsmixer

Damit Sie lange Freude an einem Mixer für die Smoothies haben, sollten Sie auf ein paar Dinge achten.

1. Fassungsvermögen

Der Mixer sollte ein Fassungsvermögen von 1,5 bis 2,5 Litern haben. Gerade zur Zubereitung einer Suppe für mehr als zwei Personen ist ein großes Fassungsvermögen sehr wichtig. Zudem sollte der Behälter aus einem stabilen Material bestehen. Hier bieten sich Behälter aus Kunststoff oder aus Glas an. Bei den Kunststoffbehältern sollte auf den Inhaltsstoff BPA verzichtet werden, da dieser gesundheitsschädlich ist.

2. Reinigung

Der Behälter des Mixers sollte leicht zu reinigen sein, damit er bei jedem Einsatz sein Bestes geben kann. Ideal ist ein Behälter, der in die Spülmaschine gegeben werden kann. Die rotierenden Klingen sind ebenfalls zu beachten. Sie sollten regelmäßig gereinigt werden, gehören aber nicht in die Spülmaschine.

3. Drehzahl

Der Hochleistungsmixer muss mindestens 20.000 Umdrehungen in der Minute schaffen. Die Umdrehungen reichen aus, um grüne Smoothies ohne Probleme herzustellen. Beim Zerkleinern von Eis wird das Gerät schnell an seine Grenzen geraten. Hier sind mindestens 40.000 Umdrehungen in der Minute empfehlenswert.

4. Watt-Leistung und Stromverbrauch

Der Hochleistungsmixer muss sich täglich beweisen. Dabei ist eine hohe Wattleistung meist ein wichtiger Punkt. Allerdings sollte auch klar sein, dass eine hohe Wattleistung auch einen hohen Stromverbrauch bedeutet. Grundsätzlich reicht ein Mixer mit bis zu 1.400 Watt vollkommen aus, um Smoothies und Suppen herzustellen. Bei einem 1.400 Watt Mixer ist auch der Stromverbrauch nicht so hoch.

Hinweis zu den Rezepten

Sie werden sich sicherlich fragen, warum unser Rezeptbuch keine bunten und ansprechenden Fotos beinhaltet. Die Frage ist eigentlich leicht zu beantworten. Foto im Hochglanzformat sind mit hohen Druckkosten und Kosten für die Erstellung der Bilder verbunden. Sicherlich sehen sie schön aus und unterstreichen das Rezept auf besondere Art und Weise, doch verursachen sie hohe Kosten, die am Ende der Nutzer tragen muss.

In unserem Buch finden Sie eine Vielzahl an tollen Rezepten, die sich einfach und mit wenigen Handgriffen zubereiten lassen. Ein Bild ist dafür normalerweise nicht notwendig. Wenn wir uns die Kosten für ein Buch mit tollen Fotos anschauen, liegen wir schnell bei mehr als 20 Euro. Die meisten Kunden sind jedoch nicht bereit, für ein Buch so viel Geld zu bezahlen. Damit jeder trotzdem die tollen Rezepte für sich entdecken kann, haben wir daher auf teure Fotos verzichtet und können das Buch deutlich günstiger anbieten.

Viele Leser haben sicherlich auch schon festgestellt, dass die abgebildeten Fotos in den Büchern meist nur Beispielbilder sind. Sie stellen zwar ein ansprechendes Getränk dar, aber entsprechen meist nicht den angegebenen Rezepten. Wir möchten unsere Leser vor dieser Enttäuschung bewahren und haben zusätzlich aus dem Grund auf bunte Bilder verzichtet.

In unserem Buch finden Sie viele verschiedene Smoothies Rezepte, die sich perfekt im Alltag einbauen lassen und Sie beim Abnehmen unterstützen. Ob ein Grüner Smoothie oder ein Rote Früchte Smoothie, dank der vielen Möglichkeiten, findet jeder schnell das passende Getränk, was bestens zu seinem eigenen Geschmack passt.

Lassen Sie sich inspirieren und probieren Sie es einfach mal aus! Gutes Gelingen und guten Appetit!

1. Gurken-Smoothie

Zutaten für 1 Portion:

- ½ Stk. Salatgurke
- 2 St. Limetten
- 80 ml Wasser
- 20 g Feldsalat
- 1 EL Walnüsse

Nährwertangaben pro Portion:

- Kalorien: 208 kcal
- Kohlenhydrate: 7 g
- davon Zucker: 2 g
- Fett: 13 g
- Eiweiß: 5 g

Zubereitungszeit: 2 min

Zubereitung:

1. Die Gurke abschälen und grob zerkleinern und die Limetten von der Schale befreien.
2. Alle Zutaten in den Mixer geben und ca. 2 Minuten durchmixen.
3. Den gesunden Smoothie in ein Glas füllen und genießen.

2. Mangold-Smoothie

Zutaten für 1 Portion:

- 80 g Mangold
- 40 g griechischer Joghurt
- 80 ml Orangensaft
- 1 EL Kürbiskerne
- 1 TL Honig

Nährwertangaben pro Portion:

- Kalorien: 199 kcal
- Kohlenhydrate: 32 g
- davon Zucker: 17 g
- Fett: 4 g
- Eiweiß: 9 g

Zubereitungszeit: 2 min

Zubereitung:

1. Den Mangold waschen und trockenschleudern.
2. Den gewaschenen Mangold mit den restlichen Zutaten in einen Standmixer geben und gut durchmixen.
3. Den cremigen Smoothie in ein Glas oder eine Mitnehmflasche füllen und trinken.

3. Minz-Smoothie

Zutaten für 1 Portion:

- ½ Bund Minze
- 100 ml Wasser
- 2 EL geröstete Walnüsse
- 1 EL Ahornsirup
- 1 Spritzer Zitronensaft
- 1 Msp. geriebenen Ingwer

Nährwertangaben pro Portion:

- Kalorien: 387 kcal
- Kohlenhydrate: 33 g
- davon Zucker: 0 g
- Fett: 25 g
- Eiweiß: 0 g

Zubereitungszeit: 2 min

Zubereitung:

1. Die Minzblätter von den Stängeln zupfen, waschen und trockenschleudern.
2. Die Zutaten alle in den Mixer geben, in ein Glas füllen und genießen.

4. Zucchini-Dill-Smoothie

Zutaten für 1 Portion:

- 1 Zucchini
- 100 ml Haselnuss-Milch
- 1 EL Dill
- 1 EL Haselnuss Mus
- 1 Msp. Muskatnuss

Nährwertangaben pro Portion:

- Kalorien: 233 kcal
- Kohlenhydrate: 14 g
- davon Zucker: 9 g
- Fett: 17 g
- Eiweiß: 6 g

Zubereitungszeit: 2 min

Zubereitung:

1. Die Zucchini schälen und in grobe Stücke zerkleinern.
2. Alle Zutaten in den Mixer geben und zu einem cremigen Shake mixen.
3. Den cremigen Smoothie in ein Glas füllen und trinken.

5. Kiwi-Zitrone-Smoothie

Zutaten für 1 Portion:

- 2 Stk. Kiwi
- 1 Stk. Zitrone
- 3 EL Joghurt
- 1 EL Holunderblütensirup

Nährwertangaben pro Portion:

- Kalorien: 230 kcal
- Kohlenhydrate: 44 g
- davon Zucker: 23 g
- Fett: 2 g
- Eiweiß: 8 g

Zubereitungszeit: 5 min

Zubereitung:

1. Die Zitrone und die Kiwis von der Schale befreien und in grobe Stücke schneiden.
2. Die Zutaten alle in den Standmixer geben und zu einem gesunden Shake verarbeiten.
3. Den Smoothie in ein Glas füllen und genießen.

6. Brokkoli-Smoothie

Zutaten für 1 Portion:

- 80 g Brokkoli
- 100 ml klarer Apfelsaft
- 20 g geröstete Mandeln
- 1 TL Lavendelsalz

Nährwertangaben pro Portion:

- Kalorien: 194 kcal
- Kohlenhydrate: 14 g
- davon Zucker: 12 g
- Fett: 10 g
- Eiweiß: 7 g

Zubereitungszeit: 10 min

Zubereitung:

1. Den Brokkoli in Röschen von dem Strunk befreien und ca. 5 Minuten in Eiswasser blanchieren.
2. Den Brokkoli mit den restlichen Zutaten in den Standmixer geben und zu einem Smoothie verarbeiten.
3. Den Brokkoli-Smoothie in ein Glas füllen und trinken.

7. Wirsing-Smoothie

Zutaten für 1 Portion:

- 80 g Wirsing
- 1 Stk. kernlose Mandarine
- 20 g geröstete Haselnüsse
- 2 EL saure Sahne
- 1 EL Ahornsirup

Nährwertangaben pro Portion:

- Kalorien: 451 kcal
- Kohlenhydrate: 18 g
- davon Zucker: 14 g
- Fett: 30 g
- Eiweiß: 11 g

Zubereitungszeit: 8 min

Zubereitung:

1. Den Wirsing vom Strunk befreien und ca. 3 Minuten blanchieren.
2. Alle Zutaten in den Mixer geben und gut vermixen.
3. Den nahrhaften Smoothie in ein Glas geben und trinken.

8. Thai-Spargel-Smoothie

Zutaten für 1 Portion:

- 80 g Thai-Spargel
- 4 Blatt Sauerampfer
- 80 ml Wasser
- 1 Stk. Aprikose
- 1 TL Ingwer
- 1 TL Palmzucker

Nährwertangaben pro Portion:

- Kalorien: 119 kcal
- Kohlenhydrate: 22 g
- davon Zucker: 14 g
- Fett: 2 g
- Eiweiß: 2 g

Zubereitungszeit: 8 min

Zubereitung:

1. Den Thai-Spargel für ca. 3-4 Minuten blanchieren.
2. Den blanchierten Thai-Spargel mit den restlichen Zutaten in einen Mixer oder Smoothie-Maker geben und genießen.

9. Grünkohl-Smoothie

Zutaten für 1 Portion:

- 50 g Grünkohl
- ¼ Stk. Birne
- 100 ml Birnensaft
- 1 Prise Salz
- 1 Prise Pfeffer
- 1 Msp. Fenchelsamen

Nährwertangaben pro Portion:

- Kalorien: 76 kcal
- Kohlenhydrate: 16 g
- davon Zucker: 13 g
- Fett: 0 g
- Eiweiß: 2 g

Zubereitungszeit: 2 min

Zubereitung:

1. Die Birne vom Kerngehäuse befreien.
2. Alle Zutaten zusammen in den Mixer geben und zu einem Smoothie verarbeiten.
3. Anschließend in ein Glas oder Flasche zum Mitnehmen füllen und trinken.

10. Schnittlauch-Smoothie

Zutaten für 1 Portion:

- ½ Bund Schnittlauch
- 30 g Schafskäse
- 80 ml klarer Apfelsaft
- 1 TL Oregano
- 1 Prise Pfeffer

Nährwertangaben pro Portion:

- Kalorien: 132 kcal
- Kohlenhydrate: 11 g
- davon Zucker: 9 g
- Fett: 7 g
- Eiweiß: 6 g

Zubereitungszeit: 2 min

Zubereitung:

1. Den Schnittlauch waschen und trockentupfen.
2. Den Schnittlauch mit den anderen Zutaten in den Standmixer geben und zu einem aromatischen Shake verarbeiten.
3. In ein Glas füllen und genießen.

11. Rote Beete-Smoothie

Zutaten für 1 Portion:

- 1 Stk. rote Beete
- ½ Stk. Limette
- 100 ml rote Beete Saft
- 1 TL Honig
- 1 Msp. Zimt

Nährwertangaben pro Portion:

- Kalorien: 144 kcal
- Kohlenhydrate: 28 g
- davon Zucker: 17 g
- Fett: 0 g
- Eiweiß: 4 g

Zubereitungszeit: 10 min

Zubereitung:

1. Die rote Beete von der Schale befreien und für ca. 8 Minuten kochen lassen.
2. Den Saft der halben Limette auspressen und entkernen.
3. Alle Zutaten in den Mixer geben und gut durchmixen.
4. Den Smoothie anschließend in ein Glas füllen und trinken

12. Tomaten-Smoothie

Zutaten für 1 Portion:

- 150 g passierte Tomaten
- 2-3 EL Kräuterfrischkäse
- 2 Filets einer Orange
- 1 Spritzer Zitronensaft
- 1 Spritzer Süßstoff
- 1 Msp. Cayenne Pfeffer

Nährwertangaben pro Portion:

- Kalorien: 206 kcal
- Kohlenhydrate: 9 g
- davon Zucker: 9 g
- Fett: 16 g
- Eiweiß: 6 g

Zubereitungszeit: 2 min

Zubereitung:

1. Alle Zutaten in einen Standmixer oder ein Smoothiegerät geben und zu einem leckeren Shake verarbeiten.
2. Den Smoothie in ein Glas, Tasse oder Flasche füllen und genießen.

13. Sellerie-Smoothie

Zutaten für 1 Portion:

- 40 g Sellerie
- 1 Stk. Apfel
- 80 ml Wasser
- 1 EL geröstete Walnüsse
- 2 EL saure Sahne
- 1 Msp. schwarzer Pfeffer

Nährwertangaben pro Portion:

- Kalorien: 252 kcal
- Kohlenhydrate: 20 g
- davon Zucker: 12 g
- Fett: 17 g
- Eiweiß: 5 g

Zubereitungszeit: 12 min

Zubereitung:

1. Den Sellerie schälen und ca. 10 Minuten kochen lassen.
2. Anschließend alle Zutaten in den Mixer geben und gut durchmixen.
3. Den cremigen Smoothie in ein Glas füllen und genießen.

14. Blumenkohl-Smoothie

Zutaten für 1 Portion:

- 70 g Blumenkohl
- ¼ Stk. Birne
- 3 Stk. Fenchelsamen
- 100 ml Wasser
- 1 EL Kerbel
- 1 EL geröstete Sesamkerne

Nährwertangaben pro Portion:

- Kalorien: 71 kcal
- Kohlenhydrate: 6 g
- davon Zucker: 3 g
- Fett: 11 g
- Eiweiß: 5 g

Zubereitungszeit: 10 min

Zubereitung:

1. Den Blumenkohl von den Blättern und dem Strunk befreien und im kochenden Wasser mit etwas Salz ca. 8 Minuten kochen lassen.
2. Im Anschluss alle Zutaten in den Mixer geben und mixen.
3. Den leckeren Shake in ein Glas oder eine Mitnehmflasche füllen und trinken.

15. Karotten-Smoothie

Zutaten für 1 Portion:

- 1 Stk. Karotte
- ½ Stk. Orange
- 100 ml Orangensaft
- ½ TL Ingwer
- 1 Tropfen Kürbiskernöl

Nährwertangaben pro Portion:

- Kalorien: 141 kcal
- Kohlenhydrate: 3 g
- davon Zucker: 24 g
- Fett: 1 g
- Eiweiß: 3 g

Zubereitungszeit: 2 min

Zubereitung:

1. Die Karotte gründlich waschen und grob zerkleinern.
2. Im Nachgang alle Zutaten in den Standmixer geben und gut durchmixen.
3. Den gesunden Shake in ein Glas oder eine Tasse füllen und genießen.

16. Lauch-Smoothie

Zutaten für 1 Portion:

- ¼ Stk. Lauch
- ½ Stk. Birne
- 50 g sauer Rahm
- 80 ml Wasser
- 1 TL Palmzucker
- 1 Msp. schwarzer Pfeffer

Nährwertangaben pro Portion:

- Kalorien: 101 kcal
- Kohlenhydrate: 12 g
- davon Zucker: 9 g
- Fett: 5 g
- Eiweiß: 3 g

Zubereitungszeit: 2 min

Zubereitung:

1. Den Lauch zur Hälfte längs durchschneiden und unter fließendem Wasser waschen.
2. Alle Zutaten zusammen in den Mixer geben und zu einem Smoothie verarbeiten.
3. Anschließend in eine Mitnehmflasche oder ein Glas füllen und trinken.

17. Spargel-Smoothie

Zutaten für 1 Portion:

- 4 Stangen weißen Spargel
- 3 Blätter sauer Ampfer
- ½ Stk. Zitrone
- 80 ml Wasser
- 2 EL Dickmilch
- 1 Spritzer Süßstoff

Nährwertangaben pro Portion:

- Kalorien: 49 kcal
- Kohlenhydrate: 8 g
- davon Zucker: 2 g
- Fett: 1 g
- Eiweiß: 4 g

Zubereitungszeit: 2 min

Zubereitung:

1. Den Spargel von der Schale befreien und für ca. 5 Minuten in kochendem Wasser mit etwas Essig kochen.
2. Im Anschluss alle Zutaten in einem Mixer zu einem gesunden Shake mixen.
3. Den leckeren Shake in ein Glas oder eine Tasse füllen und genießen.

18. Radieschen-Smoothie

Zutaten für 1 Portion:

- 4 Stk. Radieschen mit grün
- 2 Stiele Petersilie
- 80 g Skyr
- 30 ml Wasser
- ½ TL Ingwer
- 1 Msp. Meersalz

Nährwertangaben pro Portion:

- Kalorien: 72 kcal
- Kohlenhydrate: 12 g
- davon Zucker: 4 g
- Fett: 1 g
- Eiweiß: 13 g

Zubereitungszeit: 2 min

Zubereitung:

1. Die Radieschen mit dem Grün gründlich unter fließendem Wasser abwaschen.
2. Die Radieschen mit dem Grün und den übrigen Zutaten in dem Standmixer zu einem wohlschmeckenden Shake verarbeiten.
3. Den gesunden Shake in ein Glas oder eine Mitnehmflasche füllen und trinken.

19. Rotkohl-Smoothie

Zutaten für 1 Portion:

- 60 g frischer Rotkohl
- ¼ Stk. Birne
- 3 EL Sahnequark
- 80 ml Orangensaft

Nährwertangaben pro Portion:

- Kalorien: 167 kcal
- Kohlenhydrate: 19 g
- davon Zucker: 15 g
- Fett: 6 g
- Eiweiß: 7 g

Zubereitungszeit: 2 min

Zubereitung:

1. Den Rotkohl in grobe Stücke schneiden und mit den restlichen Zutaten in den Mixer geben und zu einem lecker schmeckenden Smoothie verarbeiten.
2. Anschließend den Smoothie in ein Glas oder Tasse füllen und trinken.

20. Rucola-Smoothie

Zutaten für 1 Portion:

- 80 g Rucola
- 1 Stk. Maracuja
- 30 ml Buttermilch
- 80 g passierte Tomaten

Nährwertangaben pro Portion:

- Kalorien: 149 kcal
- Kohlenhydrate: 29 g
- davon Zucker: 13 g
- Fett: 2 g
- Eiweiß: 6 g

Zubereitungszeit: 2 min

Zubereitung:

1. Den Rucola waschen und trockenschleudern.
2. Alle Zutaten in einem Mixer zu einem Smoothie verarbeiten und genießen.

21. KiBa-Smoothie

Zutaten für 1 Portion:

- 1 Stk. Banane
- 80 g entsteinte Sauerkirschen
- 1 Stk. Limone
- 2 EL fettarmer Joghurt
- 2 EL Magerquark

Nährwertangaben pro Portion:

- Kalorien: 209 kcal
- Kohlenhydrate: 18 g
- davon Zucker: 13 g
- Fett: 2 g
- Eiweiß: 6 g

Zubereitungszeit: 5 min

Zubereitung:

1. Die Banane von der Schale befreien und grob zerkleinern.
2. Die Bananenstücke und die restlichen Zutaten in den Mixer geben und zu einem Smoothie verarbeiten.
3. Anschließend in ein Glas oder eine Tasse füllen und trinken.

22. Marillen-Salat-Smoothie

Zutaten für 1 Portion:

- 4 Stk. Marillen
- 2 Blatt Chicorée
- 60 g fettarmer Joghurt
- 80 ml Zitronentee
- 1 Spritzer Zitronensaft

Nährwertangaben pro Portion:

- Kalorien: 391 kcal
- Kohlenhydrate: 89 g
- davon Zucker: 87 g
- Fett: 1 g
- Eiweiß: 4 g

Zubereitungszeit: 5 min

Zubereitung:

1. Die Marillen gegebenenfalls entsteinen.
2. Alle Zutaten schnell in einem Mixer verarbeiten.
3. In ein Glas füllen und genießen.

23. Ananas-Gurke-Kürbis-Smoothie

Zutaten für 1 Portion:

- 50 g Ananas
- 30 g Kürbis, z.B. Hokkaido
- 50 g Gurke
- 80 ml Sojamilch
- 2 EL Cashewkerne

Nährwertangaben pro Portion:

- Kalorien: 329 kcal
- Kohlenhydrate: 28 g
- davon Zucker: 8 g
- Fett: 19 g
- Eiweiß: 11 g

Zubereitungszeit: 15 min

Zubereitung:

1. Den Kürbis schälen und ca. 10 Minuten kochen lassen.
2. Im Anschluss alle Zutaten im Standmixer gut durchmixen.
3. Den Shake in ein Glas oder eine Tasse füllen und trinken.

24. Pflaumen-Kakao-Holunderbeeren-Smoothie

Zutaten für 1 Portion:

- 50 g Pflaumen
- 50 g Holunderbeeren
- 100 g türkischer Joghurt
- 1 EL Ahornsirup
- ½ TL Kakao, doppelt entölt
- 2 EL Cashewkerne

Nährwertangaben pro Portion:

- Kalorien: 466 kcal
- Kohlenhydrate: 25 g
- davon Zucker: 8 g
- Fett: 27 g
- Eiweiß: 13 g

Zubereitungszeit: 5 min

Zubereitung:

1. Die Pflaumen halbieren und von dem Stein befreien.
2. Die Zutaten alle in einem Standmixer zu einem cremigen Shake verarbeiten.
3. Den Shake im Nachgang in eine Tasse füllen und schmecken lassen.

25. Tomaten-Gurken-Skyr-Smoothie

Zutaten für 1 Portion:

- 3 Stk. Tomaten
- ½ Gurke
- 5 EL Skyr
- 1 EL Liebstöckel
- 1 Msp. Meersalz

Nährwertangaben pro Portion:

- Kalorien: 116 kcal
- Kohlenhydrate: 12 g
- davon Zucker: 4 g
- Fett: 0 g
- Eiweiß: 15 g

Zubereitungszeit: 2 min

Zubereitung:

1. Alle Zutaten in einen Standmixer geben und durchmixen.
2. Anschließend in ein Glas füllen und schmecken lassen.

26. Himbeeren-Stachelbeeren-Smoothie

Zutaten für 1 Portion:

- 80 g Himbeeren
- 80 g Stachelbeeren
- 80 ml Wasser
- ½ Stk. Zitrone
- 1 TL Honig

Nährwertangaben pro Portion:

- Kalorien: 102 kcal
- Kohlenhydrate: 23 g
- davon Zucker: 18 g
- Fett: 0 g
- Eiweiß: 3 g

Zubereitungszeit: 2 min

Zubereitung:

1. Alle Zutaten zusammen in einen Mixer geben und fein mixen.
2. Im Nachgang in ein Glas oder eine Tasse geben und genießen.

27. Apfel-Grapefruit-Brokkoli-Smoothie

Zutaten für 1 Portion:

- 1 Stk. Apfel
- 60 g Grapefruit
- 60 g Brokkoli
- 1 Stk. Zitrone
- 80 ml Apfelsaft

Nährwertangaben pro Portion:

- Kalorien: 177 kcal
- Kohlenhydrate: 40 g
- davon Zucker: 30 g
- Fett: 1 g
- Eiweiß: 3 g

Zubereitungszeit: 8 min

Zubereitung:

1. Den Apfel vom Kerngehäuse befreien, die Grapefruit gegebenenfalls entkernen, den Brokkoli in Röschen teilen und die Zitrone auspressen.
2. Alle Zutaten in einen Standmixer geben und zu einem aromatischen Smoothie verarbeiten.
3. Anschließend den Smoothie in ein Glas geben und genießen.

28. Erdbeer-rote Beete-Trauben-Smoothie

Zutaten für 1 Portion:

- 100 g gefrorene Erdbeeren
- 30 g rote Beete
- 100 g rote Trauben
- 1 EL Hüttenkäse
- ½ TL Vanillezucker

Nährwertangaben pro Portion:

- Kalorien: 216 kcal
- Kohlenhydrate: 29 g
- davon Zucker: 10 g
- Fett: 4 g
- Eiweiß: 14 g

Zubereitungszeit: 8 min

Zubereitung:

1. Die rote Beete schälen und weichkochen.
2. Danach alle Zutaten in einen Mixer oder Smoothie-Maker geben und zu einem cremigen Shake mixen.
3. Anschließend in eine Mitnehmflasche oder ein Glas gießen und schmecken lassen.

29. Kokos-Ananas-Mangoblätter-Smoothie

Zutaten für 1 Portion:

- 40 g Ananas
- 2 getrocknete Mangoblätter
- 1 EL Kokosflocken
- 2 EL Kokosmilch
- 80 ml Eiswasser

Nährwertangaben pro Portion:

- Kalorien: 229 kcal
- Kohlenhydrate: 11 g
- davon Zucker: 1 g
- Fett: 21 g
- Eiweiß: 2 g

Zubereitungszeit: 5 min

Zubereitung:

1. Die Zutaten alle in einen Mixer geben und ca. 4 Minuten durchmixen.
2. Den Smoothie in eine Mitnehmflasche oder Tasse füllen und genießen.

30. Maracuja-Papaya-Koriander-Smoothie

Zutaten für 1 Portion:

- 5 Stk. Maracuja
- 80 g Papaya
- 3 Stk. Papaya Körner
- 3 Stiele Koriander
- 80 ml Eiswasser
- 1 Prise Salz

Nährwertangaben pro Portion:

- Kalorien: 388 kcal
- Kohlenhydrate: 93 g
- davon Zucker: 5 g
- Fett: 0 g
- Eiweiß: 1 g

Zubereitungszeit: 5 min

Zubereitung:

1. Die Zutaten alle zusammen in den Standmixer geben und zu einem aromatischen Smoothie mixen.
2. In ein Glas oder eine Tasse füllen und trinken.

31. Apfel-Smoothie

Zutaten für 1 Portion:

- 1 ganzer Apfel
- 150 ml Apfelsaft
- 1 Prise Nelkenpulver
- 1 Spritzer Zitronensaft
- 2 Rosmarinnadeln

Nährwertangaben pro Portion:

- Kalorien: 128 kcal
- Kohlenhydrate: 28 g
- davon Zucker: 24 g
- Fett: 0 g
- Eiweiß: 0 g

Zubereitungszeit: 2 min

Zubereitung:

1. Den Apfel schälen und von dem Kerngehäuse befreien.
2. Im Nachgang den Apfel in grobe Stücke schneiden.
3. Den Apfel mit den übrigen Zutaten in den Mixer geben und für 2 Minuten durchmixen lassen.
4. Den Smoothie in ein Glas oder eine Flasche füllen und genießen.

32. Durian-Smoothie

Zutaten für 1 Portion:

- 150 ml Ananassaft
- 50 g Durian
- 1 Spritzer Limettensaft
- 1 Prise Thymian

Nährwertangaben pro Portion:

- Kalorien: 165 kcal
- Kohlenhydrate: 32 g
- davon Zucker: 28 g
- Fett: 2 g
- Eiweiß: 2 g

Zubereitungszeit: 2 min

Zubereitung:

1. Alle Zutaten in den Standmixer oder einen Smoothie-Maker geben und für ca. 2 Minuten durchmixen.
2. Den süß schmeckenden Smoothie in ein Glas füllen und trinken.

33. Grapefruit-Smoothie

Zutaten für 1 Portion:

- 1 kernlose Grapefruit
- 120 ml Grapefruitsaft, pink
- 1 TL Honig
- 1 Blatt Salbei
- 1 Prise Meersalz

Nährwertangaben pro Portion:

- Kalorien: 123 kcal
- Kohlenhydrate: 29 g
- davon Zucker: 28 g
- Fett: 0 g
- Eiweiß: 2 g

Zubereitungszeit: 6 min

Zubereitung:

1. Die Grapefruit abschälen und in kleine Stücke schneiden.
2. Die Grapefruitstücke mit den übrigen Zutaten in den Standmixer geben.
3. Alles für ca. 3 Minuten zu einem Smoothie verarbeiten und genießen.

34. Bananen-Smoothie

Zutaten für 1 Portion:

- 1 Banane
- 130 ml Mandelmilch
- 1 TL Honig
- 1 Spritzer Zitronensaft

Nährwertangaben pro Portion:

- Kalorien: 166 kcal
- Kohlenhydrate: 38 g
- davon Zucker: 22 g
- Fett: 1 g
- Eiweiß: 2 g

Zubereitungszeit: 3 min

Zubereitung:

1. Die Banane von der Schale befreien und in der Mitte halbieren.
2. Die Banane mit den restlichen Zutaten in einen Mixer geben und gut durchmixen.
3. Den gesunden Smoothie in ein Glas geben und trinken.

35. Ananas-Smoothie

Zutaten für 1 Portionen:

- 150 g Ananas, frisch oder Dose
- ½ Stk. Limette
- 2 Blatt Minze
- 1 Prise Meersalz
- Eiswürfel

Nährwertangaben pro Portion:

- Kalorien: 130 kcal
- Kohlenhydrate: 28 g
- davon Zucker: 27 g
- Fett: 0 g
- Eiweiß: 0 g

Zubereitungszeit: 3 min

Zubereitung:

1. Die Ananas schälen oder die Dose abtropfen lassen.
2. Alle Zutaten inklusive der Eiswürfel in den Mixer geben und ca. 3 Minuten mixen.
3. Den Smoothie in ein Glas füllen und mit einem Strohhalm genießen.

36. Himbeer-Smoothie

Zutaten für 1 Portion:

- 120 g Himbeeren, TK oder frisch
- 120 ml Buttermilch
- etwas gehackten Koriander

Nährwertangaben pro Portion:

- Kalorien: 79 kcal
- Kohlenhydrate: 10 g
- davon Zucker: 9 g
- Fett: 1 g
- Eiweiß: 5 g

Zubereitungszeit: 4 min

Zubereitung:

1. Die Himbeeren waschen bzw. auftauen lassen.
2. In einem Mixer alle Zutaten zu einem gesunden Smoothie verarbeiten und genießen.

37. Papaya-Smoothie

Zutaten für 1 Portion:

- 120 g frische Papaya
- 100 ml Ananassaft
- 3 Papaya Kerne
- Limettensaft von einer Limette

Nährwertangaben pro Portion:

- Kalorien: 117 kcal
- Kohlenhydrate: 25 g
- davon Zucker: 19 g
- Fett: 0 g
- Eiweiß: 1 g

Zubereitungszeit: 2 min

Zubereitung:

1. Die Papaya schälen, mit den anderen Zutaten in den Mixer geben und für ca. 1 Minute alles mixen.
2. Den Papaya-Smoothie in ein Glas oder eine Mitnehmflasche füllen und genießen.

38. Trauben-Smoothie

Zutaten für 1 Portion:

- 120 g helle Trauben, mit Kernen
- 100 ml Traubensaft
- 1 Prise Lavendel Salz
- 1 Prise Anispulver

Nährwertangaben pro Portion:

- Kalorien: 153 kcal
- Kohlenhydrate: 37 g
- davon Zucker: 36 g
- Fett: 0 g
- Eiweiß: 1 g

Zubereitungszeit: 2 min

Zubereitung:

1. Die Trauben von dem Strang entfernen.
2. Die Trauben mit den restlichen Zutaten in einen Standmixer geben und zu einem Smoothie verarbeiten.
3. Den Smoothie in ein Glas geben und trinken.

39. Kräuter-Smoothie

Zutaten für 1 Portion:

- ½ Bund Koriander
- 80 ml Wasser
- 3 Blatt Kapuziner Kresse
- 2 EL Frischkäse
- 1 EL Kerbel
- 1 EL Pimpinelle

Nährwertangaben pro Portion:

- Kalorien: 91 kcal
- Kohlenhydrate: 2 g
- davon Zucker: 0 g
- Fett: 6 g
- Eiweiß: 6 g

Zubereitungszeit: 5 min

Zubereitung:

1. Den Koriander von dem Stiel entfernen und alle Kräuter kurz abwaschen.
2. Alle Zutaten in den Mixer geben und ca. 3 Minuten durchmixen.
3. Den Smoothie in ein Glas geben und genießen.

40. Spinat-Smoothie

Zutaten für 1 Portion:

- 50 g frischer Spinat
- 80 ml Wasser
- 1 Prise Koriander Samen
- 2 EL Pinienkerne
- 2 EL Hüttenkäse
- 1 Prise Meersalz
- 1 Msp. Muskatnuss, gemahlen

Nährwertangaben pro Portion:

- Kalorien: 342 kcal
- Kohlenhydrate: 7 g
- davon Zucker: 3 g
- Fett: 29 g
- Eiweiß: 13 g

Zubereitungszeit: 5 min

Zubereitung:

1. Den Spinat waschen.
2. Dann alle Zutaten mit dem Spinat in den Mixer geben und für ca. 2 Minuten zu einem cremigen Smoothie verarbeiten.
3. Den Spinat-Smoothie in ein Glas füllen und trinken.

41. Brombeeren-Ingwer-Smoothie

Zutaten für 1 Portion:

- 60 g Brombeeren
- 150 g Skyr
- ½ TL geriebenen Ingwer
- 1 Spritzer Süßstoff

Nährwertangaben pro Portion:

- Kalorien: 119 kcal
- Kohlenhydrate: 10 g
- davon Zucker: 1 g
- Fett: 6 g
- Eiweiß: 7 g

Zubereitungszeit: 2 min

Zubereitung:

1. Alle Zutaten zusammen in den Mixer geben und zu einem cremigen Shake mixen.
2. Im Anschluss in ein Glas füllen und sofort genießen.

42. Goji Beeren-Smoothie

Zutaten für 1 Portion:

- 50 g Goji Beeren
- 100 ml Mandelmilch
- 50 g griechischer Joghurt
- 1 Spritzer Zitronensaft

Nährwertangaben pro Portion:

- Kalorien: 216 kcal
- Kohlenhydrate: 32 g
- davon Zucker: 28 g
- Fett: 3 g
- Eiweiß: 10 g

Zubereitungszeit: 2 min

Zubereitung:

1. Die Zutaten alle zusammen in einen Mixer oder Smoothie-Maker geben und zu einem Smoothie verarbeiten.
2. Den Smoothie in ein Glas oder eine Mitnehmflasche geben und trinken.

43. Preiselbeer-Smoothie

Zutaten für 1 Portion:

- 70 g Preiselbeeren
- 150 ml Buttermilch
- 1 EL geröstete Pinienkerne
- 1 Spritzer Süßstoff

Nährwertangaben pro Portion:

- Kalorien: 230 kcal
- Kohlenhydrate: 16 g
- davon Zucker: 7 g
- Fett: 15 g
- Eiweiß: 8 g

Zubereitungszeit: 2 min

Zubereitung:

1. Die Pinienkerne, sollten sie nicht geröstet sein, in einer Pfanne ohne Öl anrösten.
2. Anschließend alle Zutaten in einen Standmixer geben und gut durchmixen.
3. Den Shake in ein Glas oder eine Tasse geben und sofort genießen.

44. Stachelbeeren-Smoothie

Zutaten für 1 Portion:

- 80 g Stachelbeeren
- 150 g Kefir
- 1 Msp. Zitronensalz
- 1 Spritzer Süßstoff

Nährwertangaben pro Portion:

- Kalorien: 126 kcal
- Kohlenhydrate: 21 g
- davon Zucker: 19 g
- Fett: 1 g
- Eiweiß: 8 g

Zubereitungszeit: 2 min

Zubereitung:

1. Die Zutaten allesamt in einen Standmixer oder Smoothie Maker geben und vermixen.
2. Den Smoothie in ein Glas oder eine Tasse füllen und trinken.

45. Holunderbeeren-Goldleinsamen-Smoothie

Zutaten für 1 Portion:

- 60 g schwarze Holunderbeeren
- 150 g fettarmer Joghurt
- 1 TL Goldleinsamen
- 1 Spritzer Süßstoff

Nährwertangaben pro Portion:

- Kalorien: 148 kcal
- Kohlenhydrate: 14 g
- davon Zucker: 9 g
- Fett: 4 g
- Eiweiß: 11 g

Zubereitungszeit: 2 min

Zubereitung:

1. Die Holunderbeeren vom Strang entfernen und mit den übrigen Zutaten in einem Mixer zu einem leckeren Smoothie verarbeiten.
2. Im Anschluss in ein Glas oder eine Tasse geben und schmecken lassen.

46. Cranberry-Basilikum-Smoothie

Zutaten für 1 Portion:

- 50 g Cranberries
- 8 Blätter Basilikum
- 100 g Frischkäse
- 50 ml fettarme Milch
- 1 Spritzer Süßstoff

Nährwertangaben pro Portion:

- Kalorien: 488 kcal
- Kohlenhydrate: 33 g
- davon Zucker: 2 g
- Fett: 32 g
- Eiweiß: 16 g

Zubereitungszeit: 2 min

Zubereitung:

1. Die Basilikumblätter abzupfen und kurz abwaschen.
2. Anschließend alle Zutaten in einen Mixer geben und gut durchmixen.
3. Den Smoothie in ein Glas füllen und sofort trinken.

47. Johannisbeeren-Thymian-Smoothie

Zutaten für 1 Portion:

- 70 g schwarze Johannisbeeren
- 1 Zweig frischen Thymian
- 70 g Magerquark
- 80 g fettarmer Joghurt
- 1 Spritzer Süßstoff

Nährwertangaben pro Portion:

- Kalorien: 76 kcal
- Kohlenhydrate: 7 g
- davon Zucker: 6 g
- Fett: 0 g
- Eiweiß: 11 g

Zubereitungszeit: 2 min

Zubereitung:

1. Alle Zutaten in einen Standmixer oder Smoothie Maker zu einem aromatischen Smoothie verarbeiten.
2. Anschließend den aromatischen Shake in ein Glas oder eine Mitnehmflasche füllen und genießen.

48. Erdbeer-Himbeer-Smoothie

Zutaten für 1 Portion:

- 50 g Erdbeeren
- 50 g Himbeeren
- 100 ml Mandelmilch
- 1 Spritzer Süßstoff

Nährwertangaben pro Portion:

- Kalorien: 56 kcal
- Kohlenhydrate: 6 g
- davon Zucker: 5 g
- Fett: 1 g
- Eiweiß: 2 g

Zubereitungszeit: 2 min

Zubereitung:

1. Die Zutaten alle zusammen in einen Standmixer geben und zu einem wohl schmeckenden Smoothie verarbeiten.
2. Den Smoothie in ein Glas oder eine Tasse füllen und sofort trinken.

49. Heidelbeeren-Kiwi-Smoothie

Zutaten für 1 Portion:

- 60 g Heidelbeeren
- 1 Stk. Kiwi
- 150 g griechischer Joghurt
- 1 Spritzer Süßstoff

Nährwertangaben pro Portion:

- Kalorien: 161 kcal
- Kohlenhydrate: 23 g
- davon Zucker: 11 g
- Fett: 1 g
- Eiweiß: 8 g

Zubereitungszeit: 2 min

Zubereitung:

1. Die Heidelbeeren waschen, die Kiwi von der Schale befreien und grob zerkleinern.
2. Die Zutaten in einem Mixer gut durchmixen und im Anschluss in ein Glas füllen und sofort trinken.

50. Erdbeer-Haferflocken-Smoothie

Zutaten für 1 Portion:

- 60 g Erdbeeren
- 100 ml Mandelmilch
- 2 EL Haferflocken
- 1 Spritzer Süßstoff nach belieben

Nährwertangaben pro Portion:

- Kalorien: 194 kcal
- Kohlenhydrate: 27 g
- davon Zucker: 3 g
- Fett: 4 g
- Eiweiß: 6 g

Zubereitungszeit: 2 min

Zubereitung:

1. Die Erdbeeren von dem Grün gegebenenfalls befreien und grob zerkleinern.
2. Alle Zutaten in einem Standmixer zu einem lecker schmeckenden Smoothie verarbeiten.
3. Im Nachgang in ein Glas oder eine Mitnehmflasche füllen und genießen.

51. Acerola-Sternenfrucht-Smoothie

Zutaten für 1 Portion:

- 1 Stk. Sternenfrucht
- 100 ml Acerola-Kirsch-Saft
- 1 TL Acerola-Kirsch-Pulver
- 1 TL Honig
- ½ Tasse Eiswürfel

Nährwertangaben pro Portion:

- Kalorien: 110 kcal
- Kohlenhydrate: 24 g
- davon Zucker: 19 g
- Fett: 2 g
- Eiweiß: 2 g

Zubereitungszeit: 2 min

Zubereitung:

1. Alle Zutaten in einen Standmixer geben und zu einem frischen Smoothie verarbeiten.
2. Den Smoothie in eine Mitnehmflasche oder ein Glas füllen und genießen.

52. Birne-Weizengras-Smoothie

Zutaten für 1 Portion:

- 1 Stk. Birne
- 100 g fettarmer Joghurt
- 1 TL Weizengras
- 1 TL Kokos-Blüten-Zucker
- 1 Msp. Ingwer

Nährwertangaben pro Portion:

- Kalorien: 153 kcal
- Kohlenhydrate: 25 g
- davon Zucker: 11 g
- Fett: 3 g
- Eiweiß: 5 g

Zubereitungszeit: 5 min

Zubereitung:

1. Die Birne von dem Kerngehäuse befreien und in grobe Stücke zerkleinern.
2. Die Birnenstücke mit den übrigen Zutaten in einen Standmixer oder Smoothie-Maker geben und zu einem fruchtigen Shake vermixen.
3. Anschließend den Smoothie in ein Glas füllen und schmecken lassen.

53. Apfel-Amaranth-Smoothie

Zutaten für 1 Portion:

- 1 Stk. Apfel
- 1 Stk. Limette
- 50 g Amaranth
- 100 ml Mandelmilch
- 1 TL Honig

Nährwertangaben pro Portion:

- Kalorien: 321 kcal
- Kohlenhydrate: 53 g
- davon Zucker: 19 g
- Fett: 4 g
- Eiweiß: 9 g

Zubereitungszeit: 5 min

Zubereitung:

1. Die Limette halbieren und auspressen, den Apfel vom Kerngehäuse befreien und grob zerkleinern.
2. Alle Zutaten in einem Mixer gut vermixen, kurz aufquellen lassen und nochmal kurz durchmixen.
3. Im Anschluss den Smoothie in eine Tasse füllen und genießen.

54. Algen-Hüttenkäse-Smoothie

Zutaten für 1 Portion:

- ½ Stk. Avocado
- 80 g Hüttenkäse
- ½ TL Algenpulver
- 50 ml Apfelsaft
- 1 TL Honig

Nährwertangaben pro Portion:

- Kalorien: 191 kcal
- Kohlenhydrate: 18 g
- davon Zucker: 15 g
- Fett: 8 g
- Eiweiß: 11 g

Zubereitungszeit: 5 min

Zubereitung:

1. Die Avocado aus der Schale befreien.
2. Die Zutaten allesamt in einen Smoothie Maker oder Mixer geben und zu einem wohlschmeckenden Smoothie verarbeiten.
3. Im Nachgang den Shake in ein Glas oder eine Tasse geben und trinken.

55. Aronia Beeren-Joghurt-Smoothie

Zutaten für 1 Portion:

- 30 g Aronia Beeren
- 100 g griechischer Joghurt
- 1 Stk. Banane
- 1 EL Ahornsirup

Nährwertangaben pro Portion:

- Kalorien: 272 kcal
- Kohlenhydrate: 42 g
- davon Zucker: 42 g
- Fett: 2 g
- Eiweiß: 8 g

Zubereitungszeit: 5 min

Zubereitung:

1. Die Zutaten alle zusammen in einen Mixer geben und gut vermengen lassen.
2. Den leckeren Shake in ein Glas oder eine Mitnehmflasche geben und schnell genießen.

56. Hanfsamen-Ananas-Quark-Smoothie

Zutaten für 1 Portion:

- 100 g Ananas
- 80 g Magerquark
- 40 g Hanfsamen
- 1 TL Honig

Nährwertangaben pro Portion:

- Kalorien: 339 kcal
- Kohlenhydrate: 30 g
- davon Zucker: 29 g
- Fett: 13 g
- Eiweiß: 20 g

Zubereitungszeit: 2 min

Zubereitung:

1. Die Zutaten in einen Standmixer geben und gut durchmixen, kurz aufquellen lassen und nochmal kurz durchmixen.
2. Im Anschluss den Smoothie in ein Glas oder eine Mitnehmflasche geben und trinken.

57. Sesam-Pfirsich-Smoothie

Zutaten für 1 Portion:

- 1 Stk. Pfirsich
- 20 g helle Sesamsamen
- 20 g dunkle Sesamsamen
- 100 g griechischer Joghurt
- 1 TL Honig
- 1 Msp. Zimt
- 1 Msp. Salz
- 1 Msp. Nelkenpulver

Nährwertangaben pro Portion:

- Kalorien: 407 kcal
- Kohlenhydrate: 24 g
- davon Zucker: 23 g
- Fett: 25 g
- Eiweiß: 15 g

Zubereitungszeit: 5 min

Zubereitung:

1. Den Pfirsich halbieren und den Kern entfernen.
2. Alle Zutaten in einem Standmixer fein pürieren und kurz aufquellen lassen.
3. Den Smoothie in ein Glas oder eine Tasse füllen und schmecken lassen.

58. Maracuja-Moringa-Smoothie

Zutaten für 1 Portion:

- 5 Stk. Maracuja
- 10 g getrocknete Moringa
- 1 TL Honig
- 200 ml Eiswasser

Nährwertangaben pro Portion:

- Kalorien: 157 kcal
- Kohlenhydrate: 33 g
- davon Zucker: 20 g
- Fett: 1 g
- Eiweiß: 5 g

Zubereitungszeit: 10 min

Zubereitung:

1. Die Maracuja mit allen anderen Zutaten in einen Standmixer oder Smoothie-Maker geben und zu einem gesunden Smoothie vermixen.
2. Anschließend den gesunden Shake in ein Glas geben und genießen.

59. Cranberry-Fenchel-Smoothie

Zutaten für 1 Portion:

- 100 g gefrorene Cranberries
- 20 g frischer Fenchel
- 100 ml Cranberrysaft
- 6 Blätter Zitronenmelisse
- 1 TL Honig

Nährwertangaben pro Portion:

- Kalorien: 624 kcal
- Kohlenhydrate: 81 g
- davon Zucker: 8 g
- Fett: 31 g
- Eiweiß: 3 g

Zubereitungszeit: 5 min

Zubereitung:

1. Den Fenchel in grobe Stücke zerkleinern.
2. Anschließend alle Zutaten in den Mixer geben und zu einem Shake vermixen lassen.
3. Den fertigen Shake in ein Glas oder eine Mitnehmflasche geben und zügig trinken.

60. Bananen-Walnuss-Smoothie

Zutaten für 1 Portion:

- 1 Stk. Banane
- 30 g Walnüsse
- 100 ml Mandelmilch
- 1 TL Honig

Nährwertangaben pro Portion:

- Kalorien: 355 kcal
- Kohlenhydrate: 39 g
- davon Zucker: 22 g
- Fett: 21 g
- Eiweiß: 7 g

Zubereitungszeit: 5 min

Zubereitung:

1. Die Banane von der Schale befreien und grob zerkleinern.
2. Alle Zutaten in einem Standmixer oder einem Smoothie-Maker zu einem süßen Shake mixen.
3. Den Smoothie in ein Glas oder eine Tasse füllen und mit Genuss verzehren.

61. Chia Samen-Ananas-Smoothie

Zutaten für 1 Portion:

- 40 g Chia Samen
- 100 g fettarmer Joghurt
- 80 g Ananas
- 1 TL Honig
- 1 Spritzer Zitrone

Nährwertangaben pro Portion:

- Kalorien: 260 kcal
- Kohlenhydrate: 40 g
- davon Zucker: 30 g
- Fett: 6 g
- Eiweiß: 11 g

Zubereitungszeit: 2 min

Zubereitung:

1. Alle Zutaten im Mixer gut durchmixen und ca. 10 Minuten aufquellen lassen.
2. Den Smoothie in eine Tasse füllen und genießen.

62. Kurkuma-Mango-Smoothie

Zutaten für 1 Portion:

- 1 Stk. Mango
- 100 ml Orangensaft
- 1 TL Kurkuma
- 1 Msp. Nelkenpulver

Nährwertangaben pro Portion:

- Kalorien: 144 kcal
- Kohlenhydrate: 33 g
- davon Zucker: 28 g
- Fett: 1 g
- Eiweiß: 2 g

Zubereitungszeit: 5 min

Zubereitung:

1. Die Mango schälen, den Kern entfernen und in grobe Stücke zerkleinern.
2. Anschließend alle Zutaten in einen Standmixer oder Smoothie Maker geben und durchmixen.
3. Den Smoothie in ein Glas oder eine Mitnehmflasche füllen und schmecken lassen.

63. Feigen-Walnuss-Smoothie

Zutaten für 1 Portion:

- 2 Stk. frische Feigen
- 100 ml Buttermilch
- 1 Zweig Thymian
- 20 g geröstete Walnüsse
- 1 TL Honig
- 1 Spritzer Zitrone

Nährwertangaben pro Portion:

- Kalorien: 235 kcal
- Kohlenhydrate: 23 g
- davon Zucker: 12 g
- Fett: 14 g
- Eiweiß: 7 g

Zubereitungszeit: 2 min

Zubereitung:

1. Die Feigen mit der Schale und den restlichen Zutaten in einen Standmixer geben und zu einem wohlschmeckenden Shake mixen lassen.
2. Im Anschluss den Shake in ein Glas füllen und schmecken lassen.

64. Reis-Mandarinen-Smoothie

Zutaten für 1 Portion:

- 50 g roten Reis
- 1 Stk. kernlose Mandarine
- 4 Blätter Melisse
- 80 ml Reismilch
- 1 Msp. gemahlenen Anis

Nährwertangaben pro Portion:

- Kalorien: 250 kcal
- Kohlenhydrate: 51 g
- davon Zucker: 3 g
- Fett: 2 g
- Eiweiß: 4 g

Zubereitungszeit: 20 min

Zubereitung:

1. Den roten Reis sehr weichkochen lassen.
2. Den fertigen Reis mit allen anderen Zutaten in einem Standmixer zu einem cremigen Smoothie mixen.
3. Den cremigen Smoothie in eine Tasse füllen und trinken.

65. Dattel-Apfel-Smoothie

Zutaten für 1 Portion:

- 2 Stk. Datteln
- 1 Stk. Apfel
- 30 g Cashewkerne
- 100 ml Fruchtmolke

Nährwertangaben pro Portion:

- Kalorien: 543 kcal
- Kohlenhydrate: 91 g
- davon Zucker: 57 g
- Fett: 13 g
- Eiweiß: 8 g

Zubereitungszeit: 5 min

Zubereitung:

1. Den Apfel vierteln und von dem Kerngehäuse befreien.
2. Die Apfelstücke mit den übrigen Zutaten in einen Smoothie-Maker oder Mixer geben und zu einem süßen Smoothie vermixen.
3. Den süßen Smoothie in eine Tasse, ein Glas oder eine Mitnehmflasche füllen und schnell schmecken lassen.

66. Quinoa-Pfefferminz-Smoothie

Zutaten für 1 Portion:

- 50 g Quinoa
- 4 Blätter frische Pfefferminze
- 100 ml Schoko-Soja-Milch
- 1 Msp. Zimt
- 1 Prise Salz
- 1 Spritzer Süßstoff

Nährwertangaben pro Portion:

- Kalorien: 473 kcal
- Kohlenhydrate: 83 g
- davon Zucker: 9 g
- Fett: 8 g
- Eiweiß: 23 g

Zubereitungszeit: 20 min

Zubereitung:

1. Quinoa nach Packungsanweisung kochen und etwas abkühlen lassen.
2. Im Anschluss alle Zutaten in einen Standmixer oder Smoothie-Maker geben, durchmixen und kurz aufquellen lassen.
3. Den Shake in eine Tasse geben und genießen.

67. Pekannuss-Orangen-Smoothie

Zutaten für 1 Portion:

- 1 Stk. Orange
- 30 g Pekannüsse
- 100 g fettarmer Joghurt
- 2 Stiele Koriander
- 1 Spritzer Süßstoff

Nährwertangaben pro Portion:

- Kalorien: 320 kcal
- Kohlenhydrate: 22 g
- davon Zucker: 18 g
- Fett: 22 g
- Eiweiß: 9 g

Zubereitungszeit: 5 min

Zubereitung:

1. Die Orange von der Schale befreien und filetieren.
2. Im Nachgang alle Zutaten in einem Mixer zu einem leckeren Smoothie vermixen.
3. Den Smoothie in ein Glas geben und sofort trinken.

68. Nektarinen-Basilikum-Smoothie

Zutaten für 1 Portion:

- 1 Nektarine
- 6 Blätter Basilikum
- 40 g Frischkäse
- 80 ml fettarme Milch
- 2 EL Pinienkerne

Nährwertangaben pro Portion:

- Kalorien: 426 kcal
- Kohlenhydrate: 15 g
- davon Zucker: 2 g
- Fett: 33 g
- Eiweiß: 16 g

Zubereitungszeit: 5 min

Zubereitung:

1. Die Nektarine entkernen und mit den übrigen Zutaten in einen Smoothie Maker oder Mixer geben und gut durchmixen lassen.
2. Im Anschluss den lecker schmeckenden Smoothie in ein Glas oder eine Tasse geben und schmecken lassen.

69. Bananen-Walnuss-Smoothie

Zutaten für 1 Portion:

- 1 Stk. Banane
- 2 EL Walnüsse
- 100 Vanille-Soja-Milch
- 1 TL doppelt entölter Kakao

Nährwertangaben pro Portion:

- Kalorien: 425 kcal
- Kohlenhydrate: 34 g
- davon Zucker: 27 g
- Fett: 30 g
- Eiweiß: 13 g

Zubereitungszeit: 5 min

Zubereitung:

1. Die Banane von der Schale befreien und in grobe Stücke zerkleinern.
2. Die Bananenstücke mit den restlichen Zutaten in einen Mixer geben und zu einem leckeren Shake verarbeiten.
3. Im Anschluss den leckeren Shake in ein Glas oder eine Tasse gießen und schmecken lassen.

70. Sellerie-Avocado-Smoothie

Zutaten für 1 Portion:

- 2 Stangen Sellerie
- ¼ Avocado
- 1 EL getrocknete Moringa
- 100 ml Blutorangensaft
- 1 TL Ahornsirup

Nährwertangaben pro Portion:

- Kalorien: 176 kcal
- Kohlenhydrate: 21 g
- davon Zucker: 10 g
- Fett: 3 g
- Eiweiß: 2 g

Zubereitungszeit: 5 min

Zubereitung:

1. Den Sellerie waschen und die Avocado von der Schale und dem Kern befreien.
2. Anschließend alle Zutaten in einem Mixer zu einem wohlschmeckenden Smoothie verarbeiten.
3. Den gesunden Smoothie in ein Glas geben und schnell trinken.

71. Rooibos Tee-Frischkäse-Smoothie

Zutaten für 1 Portion:

- 60 g Frischkäse
- 100 ml Rooibos Tee Vanille
- 1 Msp. Zimt
- 1 Spritzer Süßstoff

Nährwertangaben pro Portion:

- Kalorien: 125 kcal
- Kohlenhydrate: 4 g
- davon Zucker: 1 g
- Fett: 9 g
- Eiweiß: 7 g

Zubereitungszeit: 10 min

Zubereitung:

4. 100 ml Rooibos Tee Vanille mit heißem Wasser aufgießen und nach Packungsanweisung ziehen lassen.
5. Den fertigen Tee mit den restlichen Zutaten in einen Standmixer geben und zu einem cremigen Smoothie mixen.
6. Den cremigen Smoothie in ein Glas oder eine Tasse füllen und sofort genießen.

72. Zitronengras Tee-Quark-Smoothie

Zutaten für 1 Portion:

- 50 g Magerquark
- 100 ml Zitronengras Tee
- 2 EL Kokosraspeln
- 1 Spritzer Süßstoff nach belieben

Nährwertangaben pro Portion:

- Kalorien: 318 kcal
- Kohlenhydrate: 13 g
- davon Zucker: 5 g
- Fett: 27 g
- Eiweiß: 9 g

Zubereitungszeit: 10 min

Zubereitung:

1. Den Zitronengras Tee wie auf der Packung beschrieben zubereiten.
2. Die restlichen Zutaten mit dem Tee in einen Mixer geben und zu einem wohlig schmeckenden Shake mixen.
3. Den Shake in ein Glas oder eine Mitnehmflasche geben und sofort genießen.

73. Schwarzer Tee-Haferflocken-Smoothie

Zutaten für 1 Portion:

- 20 g zarte Haferflocken
- 100 ml kalten schwarzen Tee
- 20 ml Sahne, 10% Fettanteil

Nährwertangaben pro Portion:

- Kalorien: 137 kcal
- Kohlenhydrate: 14 g
- davon Zucker: 2 g
- Fett: 7 g
- Eiweiß: 4 g

Zubereitungszeit: 10 min

Zubereitung:

1. Den schwarzen Tee im Vorfeld zubereiten und erkalten lassen.
2. Den kalten schwarzen Tee mit den restlichen Zutaten in einen Mixer oder Smoothie Maker geben und durchmixen.
3. Anschließend den Smoothie in eine Tasse geben und trinken

74. Grüner Tee-Orangen-Smoothie

Zutaten für 1 Portion:

- 1 Stk. Orange
- 150 ml kalter grüner Tee
- 1 Msp. Nelkenpulver
- 1 Spritzer Süßstoff

Nährwertangaben pro Portion:

- Kalorien: 70 kcal
- Kohlenhydrate: 18 g
- davon Zucker: 12 g
- Fett: 0 g
- Eiweiß: 2 g

Zubereitungszeit: 10 min

Zubereitung:

1. Den grünen Tee wie gewohnt zubereiten und erkalten lassen.
2. Die Orange von der Schale befreien und filetieren.
3. Die Zutaten mit dem kalten grünen Tee in einen Smoothie Maker oder Mixer geben und gut durchmixen lassen.
4. Den Smoothie in eine Tasse gießen und schnell trinken.

75. Brennnessel Tee-Quark-Smoothie

Zutaten für 1 Portion:

- 100 ml Brennnessel Tee
- 50 g Magerquark
- 1 TL. Orangenabrieb
- 1 Spritzer Süßstoff

Nährwertangaben pro Portion:

- Kalorien: 84 kcal
- Kohlenhydrate: 8 g
- davon Zucker: 2 g
- Fett: 1 g
- Eiweiß: 12 g

Zubereitungszeit: 10 min

Zubereitung:

1. Den Brennnessel Tee wie auf der Packung beschrieben zubereiten.
2. Ein TL von einer Orange abreiben.
3. Alle Zutaten in den Mixer geben und zu einem aromatischen Tee-Smoothie verarbeiten.
4. Den Tee-Smoothie in ein Glas oder eine Mitnehmflasche füllen und genießen.

76. Ingwer Tee-Johannisbeeren-Smoothie

Zutaten für 1 Portion:

- 150 ml kalter Ingwer Tee
- 80 g schwarze Johannisbeeren
- 1 Msp. Rosmarin
- 1 Spritzer Süßstoff nach belieben

Nährwertangaben pro Portion:

- Kalorien: 37 kcal
- Kohlenhydrate: 7 g
- davon Zucker: 0 g
- Fett: 0 g
- Eiweiß: 1 g

Zubereitungszeit: 10 min

Zubereitung:

1. Den Tee zubereiten und kalt werden lassen.
2. Die Johannisbeeren vom Strang abzupfen und unter kaltem Wasser abspülen.
3. Die Zutaten in den Mixer geben und gut durchmixen.
4. Anschließend den Smoothie in ein Glas oder eine Tasse füllen und sofort trinken.

77. Mango Tee-Skyr-Smoothie

Zutaten für 1 Portion:

- 100 ml Mango Tee
- 50 g Skyr
- 1 Spritzer Süßstoff
- 1 Spritzer Zitrone

Nährwertangaben pro Portion:

- Kalorien: 52 kcal
- Kohlenhydrate: 7 g
- davon Zucker: 4 g
- Fett: 2 g
- Eiweiß: 2 g

Zubereitungszeit: 10 min

Zubereitung:

1. Den Tee wie auf der Verpackung beschrieben zubereiten.
2. Alle Zutaten in einem Standmixer zu einem cremigen Shake verarbeiten.
3. Den cremigen Shake in eine Tasse geben und schmecken lassen.

78. Fenchel Tee-Basilikum-Smoothie

Zutaten für 1 Portion:

- 100 ml Fenchel Tee
- 6 Blätter Basilikum
- 50 g Frischkäse
- 1 Spritzer Zitrone

Nährwertangaben pro Portion:

- Kalorien: 101 kcal
- Kohlenhydrate: 2 g
- davon Zucker: 0 g
- Fett: 8 g
- Eiweiß: 6 g

Zubereitungszeit: 10 min

Zubereitung:

1. Den Fenchel Tee wie gewohnt zubereiten.
2. Die Zutaten allesamt in einen Smoothie-Maker oder Mixer geben und zu einem Shake durchmixen.
3. Den Shake in eine Tasse geben und sofort genießen.

79. Malve Tee-Papaya-Smoothie

Zutaten für 1 Portion:

- 150 kalten Malve Tee
- 60 g Papaya
- 1 Msp. Salz
- 1 Spritzer Süßstoff

Nährwertangaben pro Portion:

- Kalorien: 68 kcal
- Kohlenhydrate: 18 g
- davon Zucker: 11 g
- Fett: 0 g
- Eiweiß: 1 g

Zubereitungszeit: 10 min

Zubereitung:

1. Den Tee zubereiten und kaltstellen.
2. Die Papaya schälen und grob zerkleinern.
3. Im Anschluss alle Zutaten in einen Standmixer geben und mixen.
4. Den Smoothie in ein Glas oder eine Tasse füllen und trinken.

80. Matcha Tee-Kräuterfrischkäse-Smoothie

Zutaten für 1 Portion:

- 100 ml fettarme Milch
- 50 g Kräuterfrischkäse
- 1 TL Matcha Pulver
- 1 Spritzer Limettensaft
- 1 Spritzer Süßstoff

Nährwertangaben pro Portion:

- Kalorien: 172 kcal
- Kohlenhydrate: 8 g
- davon Zucker: 0 g
- Fett 14 g
- Eiweiß: 8 g

Zubereitungszeit: 10 min

Zubereitung:

1. Alle Zutaten in den Mixer geben und gut durchmixen lassen.
2. Den fertig gemixten Shake in eine Tasse füllen und genießen.

81. Dinkelflocken-Sojamilch-Smoothie

Zutaten für 1 Portion:

- 150 ml Vanille-Soja-Milch
- 2 Stk. Aprikosen
- 2 EL Dinkelflocken
- 1 Prise Salz

Nährwertangaben pro Portion:

- Kalorien: 203 kcal
- Kohlenhydrate: 31 g
- davon Zucker: 8 g
- Fett: 4 g
- Eiweiß: 10 g

Zubereitungszeit: 5 min

Zubereitung:

1. Aus den Aprikosen den Kern entfernen.
2. Alle Zutaten in einen Mixer oder Smoothie-Maker geben und zu einem lecker schmeckenden Smoothie verarbeiten.
3. Den leckeren Smoothie in ein Glas oder eine Tasse füllen und genießen.

82. Fruchtmüsli-Haselnuss-Smoothie

Zutaten für 1 Portion:

- 120 g fettarmer Joghurt
- 1 Stk. Maracuja
- 2 EL Fruchtmüsli
- 1 EL gemahlene Haselnüsse

Nährwertangaben pro Portion:

- Kalorien: 318 kcal
- Kohlenhydrate: 39 g
- davon Zucker: 16 g
- Fett: 14 g
- Eiweiß: 16 g

Zubereitungszeit: 2 min

Zubereitung:

1. Die Zutaten in einen Standmixer geben und durchmixen, kurz aufquellen lassen und nochmal kurz durchmixen.
2. Im Anschluss in eine Tasse geben und sofort trinken.

83. Porridge-Wassermelonen-Smoothie

Zutaten für 1 Portion:

- 40 g Porridge nach Wahl
- 100 g Magerquark
- 50 g kernlose Wassermelone
- 1 TL Honig

Nährwertangaben pro Portion:

- Kalorien: 265 kcal
- Kohlenhydrate: 40 g
- davon Zucker: 16 g
- Fett: 3 g
- Eiweiß: 16 g

Zubereitungszeit: 2 min

Zubereitung:

1. Die Zutaten in den Mixer geben, durchmixen und ca. 10 Minuten aufquellen lassen.
2. Im Anschluss nochmal gut durchmixen und in eine Tasse füllen und trinken.

84. Kokos-Reis-Smoothie

Zutaten für 1 Portion:

- 50 g Reis
- 20 g Kokosflocken
- 80 ml Kokoswasser
- 50 ml Kokosmilch
- 1 Spritzer Süßstoff

Nährwertangaben pro Portion:

- Kalorien: 305 kcal
- Kohlenhydrate: 23 g
- davon Zucker: 4 g
- Fett: 24 g
- Eiweiß: 3 g

Zubereitungszeit: 20 min

Zubereitung:

1. Den Reis wie auf der Packung beschrieben kochen.
2. Alle Zutaten in einem Mixer fein pürieren und kurz aufquellen lassen.
3. Im Nachgang den Smoothie in eine Tasse geben und schmecken lassen.

85. Aloe-Erdbeer-Smoothie

Zutaten für 1 Portion:

- 30 g Erdbeeren
- 40 g Sojaflocken
- 100 ml Aloe Vera Saft

Nährwertangaben pro Portion:

- Kalorien: 171 kcal
- Kohlenhydrate: 3 g
- davon Zucker: 3 g
- Fett: 8 g
- Eiweiß: 16 g

Zubereitungszeit: 2 min

Zubereitung:

1. Die gesamten Zutaten in einen Standmixer oder einen Smoothie-Maker geben und mixen.
2. Den leckeren Shake in ein Glas oder eine Mitnehmflasche füllen und zügig genießen.

86. Kaffee-Weizenkleie-Smoothie

Zutaten für 1 Portion:

- 200 ml Kaffee
- 20 g Weizenkleie
- 1 EL Butter
- 1 Spritzer Süßstoff

Nährwertangaben pro Portion:

- Kalorien: 187 kcal
- Kohlenhydrate: 4 g
- davon Zucker: 1 g
- Fett: 15 g
- Eiweiß: 3 g

Zubereitungszeit: 2 min

Zubereitung:

1. Den heißen Kaffee mit den übrigen Zutaten schnell in einem Mixer zu einem Muntermacher mixen.
2. Anschließend den Kaffee-Smoothie in eine Tasse oder Mitnehmflasche geben und genießen.

87. Bananen-Erbsen-Smoothie

Zutaten für 1 Portion:

- 1 Stk. Banane
- 50 g Erbsen aus der Dose
- 1 EL Flohsamen
- 80 ml Buttermilch
- 1 TL Frischkäse
- 1 TL Honig

Nährwertangaben pro Portion:

- Kalorien: 232 kcal
- Kohlenhydrate: 44 g
- davon Zucker: 27 g
- Fett: 2 g
- Eiweiß: 8 g

Zubereitungszeit: 5 min

Zubereitung:

1. Die Zutaten in einem Standmixer zu einem leckeren gesunden Smoothie verarbeiten.
2. Den fertigen Smoothie in eine Tasse geben und trinken.

88. Himbeer-Leinsamen-Smoothie

Zutaten für 1 Portion:

- 60 g Himbeeren
- 2 EL Leinsamen
- 80 ml Mandelmilch
- 1 TL Honig

Nährwertangaben pro Portion:

- Kalorien: 167 kcal
- Kohlenhydrate: 10 g
- davon Zucker: 10 g
- Fett: 9 g
- Eiweiß: 5 g

Zubereitungszeit: 5 min

Zubereitung:

1. Die Himbeeren im Vorfeld gründlich unter fließendem kaltem Wasser abspülen.
2. Im Anschluss alle Zutaten in einem Mixer zu einem fruchtig leckeren Shake verarbeiten.
3. Den fruchtigen Smoothie in ein Glas oder eine Tasse füllen und schmecken lassen.

89. Apfel-Bananen-Haferflocken-Smoothie

Zutaten für 1 Portion:

- 1 Stk. Apfel
- 1 Stk. Banane
- 100 ml fettarme Milch
- 2 EL zarte Haferflocken
- 1 EL griechischer Joghurt

Nährwertangaben pro Portion:

- Kalorien: 364 kcal
- Kohlenhydrate: 67 g
- davon Zucker: 30 g
- Fett: 5 g
- Eiweiß: 10 g

Zubereitungszeit: 5 min

Zubereitung:

1. Den Apfel vom Kerngehäuse befreien, in grobe Stücke zerkleinern und die Banane abschälen.
2. Im Nachgang alle Zutaten in einem Standmixer oder Smoothie Maker zu einem cremigen Shake verarbeiten, kurz aufquellen lassen und nochmal kurz durchmixen.
3. Den cremigen Smoothie in eine Mitnehmflasche oder eine Tasse füllen und sich schmecken lassen.

90. Kürbis-Birne-Leinsamen-Smoothie

Zutaten für 1 Portion:

- 20 g Kürbis z.B. Hokkaido
- 1 Stk. Birne
- 100 ml fettarme Milch
- 2 EL Leinsamen
- 1 EL Magerquark
- 1 TL Honig

Nährwertangaben pro Portion:

- Kalorien: 355 kcal
- Kohlenhydrate: 30 g
- davon Zucker: 24 g
- Fett: 18 g
- Eiweiß: 13 g

Zubereitungszeit: 10 min

Zubereitung:

1. Den Kürbis in kleine Stücke schneiden und in kochendem Wasser weichkochen.
2. Die Birne von dem Kerngehäuse befreien und grob zerkleinern.
3. Anschließend alle Zutaten in einem Standmixer gut vermixen, in eine Tasse füllen und den aromatischen Shake genießen.

91. Rotkohl-Smoothie

Zutaten für 1 Portion:

- 50 g frischer Rotkohl
- 120 g fettarmer Joghurt
- ½ Stk. Orange
- 1 Msp. Anis-Pulver
- 1 Prise Salz

Nährwertangaben pro Portion:

- Kalorien: 157 kcal
- Kohlenhydrate: 39 g
- davon Zucker: 34 g
- Fett: 2 g
- Eiweiß: 6 g

Zubereitungszeit: 5 min

Zubereitung:

1. Den Rotkohl waschen und grob zerkleinern.
2. Die Orange entkernen und auspressen.
3. Die Zutaten zusammen in einen Mixer geben und gut durchmixen.
4. Im Anschluss den Smoothie in ein Glas oder eine Tasse füllen und trinken.

92. Schwarzwurzel-Smoothie

Zutaten für 1 Portion:

- 60 g frische Schwarzwurzel
- 150 ml Mandelmilch
- 20 g geröstete Pinienkerne
- 1 TL gehackte Petersilie
- 1 Prise Salz

Nährwertangaben pro Portion:

- Kalorien: 198 kcal
- Kohlenhydrate: 16 g
- davon Zucker: 3 g
- Fett: 17 g
- Eiweiß: 11 g

Zubereitungszeit: 5 min

Zubereitung:

1. Die Schwarzwurzel gründlich waschen und in heißem Salzwasser für ca. 15 Minuten kochen lassen.
2. Im Anschluss alle Zutaten in einen Mixer oder einen Smoothie-Maker geben und zu einem Shake verarbeiten.
3. Den Shake in ein Glas oder eine Mitnehmflasche geben und genießen.

93. Tomaten-Chili-Smoothie

Zutaten für 1 Portion:

- 100 g frische Tomaten
- 1 Stk. rote Chilischote
- 100 g Kefir
- 1 Stängel frischen Koriander
- 1 Prise Salz

Nährwertangaben pro Portion:

- Kalorien: 356 kcal
- Kohlenhydrate 36 g
- davon Zucker: 4 g
- Fett: 12 g
- Eiweiß: 31 g

Zubereitungszeit: 5 min

Zubereitung:

1. Die Tomaten in heißem Wasser blanchieren und die Haut im Nachgang abziehen.
2. Alle Zutaten in einen Standmixer oder Smoothie-Maker geben und zu einem gesunden leckeren Smoothie verarbeiten.
3. Den Smoothie in eine Tasse geben und sofort trinken.

94. Grünkohl-Smoothie

Zutaten für 1 Portion:

- 50 g frischen Grünkohl
- 100 ml Rooibos Tee
- 50 g Frischkäse, körnig
- 20 g geröstete Haselnüsse
- 1 Prise Currypulver

Nährwertangaben pro Portion:

- Kalorien: 195 kcal
- Kohlenhydrate: 3 g
- davon Zucker: 3 g
- Fett: 13 g
- Eiweiß: 11 g

Zubereitungszeit: 5 min

Zubereitung:

1. Den Grünkohl waschen und in heißem Wasser ca. 1 Minute blanchieren.
2. Danach alle Zutaten in einem Mixer oder Smoothie Maker zu einem aromatischen Shake verarbeiten.
3. Den aromatischen Shake in eine Tasse geben und trinken.

95. Kohlrabi-Smoothie

Zutaten für 1 Portion:

- 60 g frischen Kohlrabi
- 100 g fettarmer Joghurt
- 50 g Magerquark
- 1 Msp. Kardamom
- 1 Prise Salz
- 1 Spritzer Limettensaft

Nährwertangaben pro Portion:

- Kalorien: 91 kcal
- Kohlenhydrate: 12 g
- davon Zucker: 9 g
- Fett: 0 g
- Eiweiß: 12 g

Zubereitungszeit: 5 min

Zubereitung:

1. Den Kohlrabi schälen und in grobe Stücke zerkleinern.
2. Alle Zutaten in einem Standmixer zu einem Smoothie verarbeiten.
3. Im Anschluss den Smoothie in eine Tasse oder Mitnehmflasche geben und genießen.

96. Gurken-Smoothie

Zutaten für 1 Portion:

- 100 g Salatgurke
- 100 g fettarmer Joghurt
- ½ TL gehackter Dill
- 1 Msp. Cayenne Pfeffer
- 1 Prise Salz

Nährwertangaben pro Portion:

- Kalorien: 53 kcal
- Kohlenhydrate: 8 g
- davon Zucker: 5 g
- Fett: 0 g
- Eiweiß: 8 g

Zubereitungszeit: 5 min

Zubereitung:

1. Die Salatgurke waschen und grob zerkleinern.
2. Die Zutaten allesamt in dem Mixer geben und zu einem cremigen Shake verarbeiten.
3. Im Anschluss in ein Glas oder eine Tasse geben und schmecken lassen.

97. Paprika-Smoothie

Zutaten für 1 Portion:

- 80 g rote Paprika
- 150 ml Buttermilch
- 1 TL Honig
- 1 Msp. Curry-Pulver
- 1 Prise Salz

Nährwertangaben pro Portion:

- Kalorien: 143 kcal
- Kohlenhydrate: 27 g
- davon Zucker: 27 g
- Fett: 1 g
- Eiweiß: 6 g

Zubereitungszeit: 5 min

Zubereitung:

1. Die Paprika waschen und von der weißen Haut und den Kernen befreien.
2. Alle Zutaten in einen Mixer geben und zu einem leckeren Drink verarbeiten.
3. Im Nachgang in ein Glas oder eine Mitnehmflasche füllen und genießen.

98. Artischocken-Smoothie

Zutaten für 1 Portion:

- 60 g Artischocken
- 120 ml Buttermilch
- ½ Stk. Zitrone
- 20 g Haferkleie
- ½ TL Ahornsirup

Nährwertangaben pro Portion:

- Kalorien: 187 kcal
- Kohlenhydrate: 19 g
- davon Zucker: 5 g
- Fett: 2 g
- Eiweiß: 8 g

Zubereitungszeit: 5 min

Zubereitung:

1. Die Zitronen auspressen und alle Zutaten in einen Mixer geben und gut durchmixen.
2. Im Anschluss den cremigen Smoothie in eine Tasse füllen und zügig trinken.

99. Okraschoten-Smoothie

Zutaten für 1 Portion:

- 4 Stk. Okraschoten
- 100 ml schwarzer Tee
- 50 g Magerquark
- 1 TL Honig
- 1 Prise Salz

Nährwertangaben pro Portion:

- Kalorien: 95 kcal
- Kohlenhydrate: 10 g
- davon Zucker: 10 g
- Fett: 0 g
- Eiweiß: 6 g

Zubereitungszeit: 5 min

Zubereitung:

1. Die Zutaten alle in einen Smoothie-Maker oder Mixer geben und zu einem leckeren Smoothie verarbeiten.
2. Im Nachgang den leckeren Smoothie in eine Tasse oder eine Mitnehmflasche geben und genießen.

100. Pak Choi-Smoothie

Zutaten für 1 Portion:

- 80 g Pak Choi
- 150 ml Grüner Tee
- ½ TL geröstete Leinsamen
- 1 Prise Kreuzkümmel

Nährwertangaben pro Portion:

- Kalorien: 37 kcal
- Kohlenhydrate: 2 g
- davon Zucker: 0 g
- Fett: 2 g
- Eiweiß: 2 g

Zubereitungszeit: 5 min

Zubereitung:

1. Die Leinsamen in einer Pfanne ohne die Zugabe von Fett leicht anrösten und mit den anderen Zutaten in einem Mixer zu einem aromatischen Drink verarbeiten.
2. Im Anschluss den aromatischen Drink in ein Glas oder eine Tasse füllen und schmecken lassen.

101. Kaki-Smoothie

Zutaten für 1 Portion:

- 60 g Kaki
- 150 ml Pfefferminztee
- 1 Msp. Anis-Pulver
- 1 Spritzer Süßstoff

Nährwertangaben pro Portion:

- Kalorien: 50 kcal
- Kohlenhydrate: 12 g
- davon Zucker: 4 g
- Fett: 0 g
- Eiweiß: 0 g

Zubereitungszeit: 2 min

Zubereitung:

1. Die Zutaten allesamt in einen Standmixer oder ein Smoothie Maker geben und zu einem lecken schmeckenden Smoothie verarbeiten.
2. Den Smoothie in ein Glas oder eine Tasse füllen und zügig trinken.

102. Granatapfel-Smoothie

Zutaten für 1 Portion:

- 1 Stk. frische Granatapfelkerne
- 1 Stk. Zitrone
- 100 ml Buttermilch
- 50 g griechischer Joghurt
- 1 Spritzer Süßstoff nach Belieben

Nährwertangaben pro Portion:

- Kalorien: 133 kcal
- Kohlenhydrate: 24 g
- davon Zucker: 12 g
- Fett: 2 g
- Eiweiß: 8 g

Zubereitungszeit: 5 min

Zubereitung:

1. Die Granatapfelkerne frisch aus dem Granatapfel entfernen.
2. Die Zitrone halbieren und den Saft einer halben Zitrone auspressen.
3. Die restlichen Zutaten mit den Granatapfelkernen und dem Zitronensaft in einen Mixer geben und durchmixen.
4. Den Shake in ein Glas oder eine Tasse geben und schmecken lassen.

103. Karambolen-Smoothie

Zutaten für 1 Portion:

- 1 Stk. Sternenfrucht
- 150 ml Mandelmilch
- 20 g Pekannüsse
- 1 Spritzer Süßstoff nach Belieben

Nährwertangaben pro Portion:

- Kalorien: 205 kcal
- Kohlenhydrate: 8 g
- davon Zucker: 0 g
- Fett: 16 g
- Eiweiß: 4 g

Zubereitungszeit: 5 min

Zubereitung:

1. Die Zutaten alle zusammen in einen Standmixer geben und zu einem gesunden Smoothie mixen.
2. Anschließend in ein Glas oder eine Tasse füllen und schnell verzehren.

104. Orangen-Smoothie

Zutaten für 1 Portion:

- 1 Stk. kernlose Orange
- 150 g Kefir
- 1 Msp. frisch geriebenen Ingwer
- 1 Msp. Zimt

Nährwertangaben pro Portion:

- Kalorien: 132 kcal
- Kohlenhydrate: 23 g
- davon Zucker: 20 g
- Fett: 2 g
- Eiweiß: 6 g

Zubereitungszeit: 5 min

Zubereitung:

1. Die Orange von der Schale befreien und filetieren, gegebenenfalls die Kerne entfernen und den Ingwer frisch über eine Küchenreibe reiben.
2. Anschließend alle Zutaten in einem Mixer gut vermixen.
3. Den Smoothie in eine Tasse oder Mitnehmflasche füllen und genießen.

105. Wassermelonen-Smoothie

Zutaten für 1 Portion:

- 200 g kernlose Wassermelone
- 50 g Magerquark
- 1 TL. frischer Thymian
- 1 Msp. Zimt
- 1 Spritzer Süßstoff

Nährwertangaben pro Portion:

- Kalorien: 104 kcal
- Kohlenhydrate: 21 g
- davon Zucker: 15 g
- Fett: 0 g
- Eiweiß: 6 g

Zubereitungszeit: 5 min

Zubereitung:

1. Die Wassermelone aus der Schale schneiden und mit den übrigen Zutaten in einem Standmixer zu einem Shake verarbeiten.
2. Den frischen Shake in ein Glas füllen und schnell trinken.

106. Bananen-Smoothie

Zutaten für 1 Portion:

- 1 Stk. Banane
- 100 ml Ziegenmilch
- 20 g geröstete Walnüsse
- 1 Spritzer Süßstoff nach Belieben

Nährwertangaben pro Portion:

- Kalorien: 304 kcal
- Kohlenhydrate: 35 g
- davon Zucker: 18 g
- Fett: 17 g
- Eiweiß: 8 g

Zubereitungszeit: 5 min

Zubereitung:

1. Die Banane schälen und die Walnüsse gegebenenfalls in einer Pfanne ohne Fett anrösten.
2. Alle Zutaten im Nachgang in einen Mixer geben und zu einem aromatischen Smoothie verarbeiten.
3. Anschließend in eine Tasse oder eine Mitnehmflasche füllen und genießen.

107. Apfel-Smoothie

Zutaten für 1 Portion:

- 1 Stk. Apfel
- 1 Stk. Zitrone
- 100 ml Büffelmilch
- 1 EL Mozzarella
- 1 Spritzer Süßstoff nach Belieben

Nährwertangaben pro Portion:

- Kalorien: 190 kcal
- Kohlenhydrate: 19 g
- davon Zucker: 15 g
- Fett: 10 g
- Eiweiß: 7 g

Zubereitungszeit: 10 min

Zubereitung:

1. Den Apfel vom Kerngehäuse befreien, die Zitrone halbieren und den Saft einer halben Zitrone auspressen.
2. Die Zutaten zusammen in einen Mixer oder Smoothie-Maker geben und durchmixen.
3. Im Anschluss den Smoothie in ein Glas oder eine Tasse geben und trinken.

108. Pfirsich-Smoothie

Zutaten für 1 Portion:

- 1 Stk. Pfirsich
- 5 Stk. Melissenblätter
- 100 ml. Ayran
- 30 g Skyr
- 1 Spritzer Süßstoff nach Belieben

Nährwertangaben pro Portion:

- Kalorien: 205 kcal
- Kohlenhydrate: 25 g
- davon Zucker: 9 g
- Fett: 9 g
- Eiweiß: 5 g

Zubereitungszeit: 5 min

Zubereitung:

1. Den Pfirsich halbieren und den Kern entfernen.
2. Den Pfirsich mit den übrigen Zutaten in einen Mixer oder Smoothie-Maker geben und gut durchmixen.
3. Anschließend den Smoothie in ein Glas füllen und schmecken lassen.

109. Curcuma-Smoothie

Zutaten für 1 Portion:

- 100 g Curcuma
- 100 ml Kokoswasser
- 40 g Frischkäse
- ½ TL gehackter Koriander
- 1 Spritzer Zitrone
- 1 Spritzer Süßstoff nach Belieben

Nährwertangaben pro Portion:

- Kalorien: 304 kcal
- Kohlenhydrate: 47 g
- davon Zucker: 4 g
- Fett: 8 g
- Eiweiß: 11 g

Zubereitungszeit: 5 min

Zubereitung:

1. Die Zutaten alle zusammen in einem Standmixer zu einem cremigen Shake verarbeiten.
2. Den cremigen Shake in ein Glas oder eine Tasse geben und genießen.

110. Kirsch-Smoothie

Zutaten für 1 Portion:

- 80 g frische Kirschen
- 150 ml Rosenblüten-Tee
- 20 g Weizenkleie
- 1 Spritzer Zitrone
- 1 Spritzer Süßstoff nach Belieben

Nährwertangaben pro Portion:

- Kalorien: 128 kcal
- Kohlenhydrate: 19 g
- davon Zucker: 1 g
- Fett: 1 g
- Eiweiß: 4 g

Zubereitungszeit: 10 min

Zubereitung:

1. Die Kirschen entkernen und alle Zutaten zusammen in einen Smoothie-Maker oder Standmixer geben und gut mixen.
2. Den Smoothie in ein Glas oder eine Mitnehmflasche gießen und zügig trinken.

111. Walnuss-Smoothie

Zutaten für 1 Portion:

- 100 ml Mandelmilch
- 60 g geröstete Walnüsse
- 20 g Weizenkleie
- 1 Msp. Salz

Nährwertangaben pro Portion:

- Kalorien: 468 kcal
- Kohlenhydrate: 12 g
- davon Zucker: 1 g
- Fett: 41 g
- Eiweiß: 13 g

Zubereitungszeit: 5 min

Zubereitung:

1. Die Walnüsse gegebenenfalls in einer Pfanne ohne Fett anrösten.
2. Im Anschluss alle Zutaten in den Mixer oder Smoothie Maker geben und gründlich durchmixen.
3. Den fertigen Smoothie in ein Glas oder eine Tasse geben und trinken.

112. Kiba-Nelken-Smoothie

Zutaten für 1 Portion:

- 60 g Magerquark
- 60 g Kefir
- 30 g frische Kirschen
- 1 Stk. Banane
- ½ Stk. Limette
- 1 Msp. Nelkenpulver

Nährwertangaben pro Portion:

- Kalorien: 204 kcal
- Kohlenhydrate: 32 g
- davon Zucker: 19 g
- Fett: 1 g
- Eiweiß: 11 g

Zubereitungszeit: 5 min

Zubereitung:

1. Die Kirschen waschen und entkernen, die Limette auspressen und die Banane von der Schale befreien.
2. Im Nachgang die Zutaten in den Standmixer geben und durchmixen.
3. Den cremigen Smoothie in ein Glas oder eine Mitnehmflasche füllen und genießen.

113. Birnen-Lavendel-Smoothie

Zutaten für 1 Portion:

- 1 Stk. Birne
- 120 ml Zitronentee
- 20 g Schmand
- 1 TL Lavendelblüten
- 1 Spritzer. Süßstoff

Nährwertangaben pro Portion:

- Kalorien: 210 kcal
- Kohlenhydrate: 36 g
- davon Zucker: 30 g
- Fett: 7 g
- Eiweiß: 1 g

Zubereitungszeit: 5 min

Zubereitung:

1. Die Birne vom Kerngehäuse befreien und grob zerschneiden.
2. Die Zutaten allesamt in einen Smoothie-Maker oder einem Mixer geben und verarbeiten.
3. Den leckeren Shake in ein Glas oder eine Tasse füllen und schmecken lassen.

114. Mango-Maracuja-Chili-Smoothie

Zutaten für 1 Portion:

- 2 Stk. Maracuja
- ½ Stk. Mango
- 100 ml weißer Tee
- 1 Msp. Chilipulver
- 1 Spritzer. Süßstoff

Nährwertangaben pro Portion:

- Kalorien: 300 kcal
- Kohlenhydrate: 73 g
- davon Zucker: 45 g
- Fett: 2 g
- Eiweiß: 5 g

Zubereitungszeit: 5 min

Zubereitung:

1. Die Mango von dem Kern befreien und die Maracuja schälen.
2. Alle Zutaten in den Mixer geben und zu einem schmackhaften Smoothie verarbeiten.
3. Den schmackhaften Smoothie in eine Tasse oder eine Mitnehmflasche füllen und schnell genießen.

115. Beeren-Minze-Smoothie

Zutaten für 1 Portion:

- 6 Stk. Minzblätter
- 100 g frische Beeren
- 100 ml Brombeeren Tee
- 50 ml Sojamilch
- 1 Spritzer. Süßstoff

Nährwertangaben pro Portion:

- Kalorien: 141 kcal
- Kohlenhydrate: 14 g
- davon Zucker: 12 g
- Fett: 5 g
- Eiweiß: 4 g

Zubereitungszeit: 2 min

Zubereitung:

1. Alle Zutaten in den in den Mixer oder Smoothie-Maker geben und gut verarbeiten.
2. Den fruchtigen Smoothie in eine Tasse geben und trinken.

116. Mandarinen-rote Beete-Zimt-Smoothie

Zutaten für 1 Portion:

- 1 Stk. rote Beete
- 2 kernlose Mandarinen
- 100 g griechischer Joghurt
- 1 Msp. Zimt
- 1 Prise Salz
- 1 Spritzer. Süßstoff

Nährwertangaben pro Portion:

- Kalorien: 162 kcal
- Kohlenhydrate: 27 g
- davon Zucker: 16 g
- Fett: 0 g
- Eiweiß: 7 g

Zubereitungszeit: 5 min

Zubereitung:

1. Die rote Beete von der Schale gründlich befreien und grob zerschneiden.
2. Die Zutaten alle zusammen in einen Standmixer oder Smoothie Maker geben und gründlich durchmixen.
3. Im Anschluss den aromatischen Shake in eine Tasse oder eine Mitnehmflasche füllen und schmecken lassen.

117. Salbei-Pflaumen-Nelken-Smoothie

Zutaten für 1 Portion:

- 4 Stk. Pflaumen
- 2 Stk. Salbeiblätter
- 100 ml Sojamilch
- 50 g Magerquark
- 1 TL Ahornsirup
- ½ TL entölter Kakao
- 1 Msp. Nelkenpulver

Nährwertangaben pro Portion:

- Kalorien: 238 kcal
- Kohlenhydrate: 26 g
- davon Zucker: 26 g
- Fett: 2 g
- Eiweiß: 12 g

Zubereitungszeit: 5 min

Zubereitung:

1. Die Pflaumen waschen und entkernen, die Salbeiblätter waschen und trocken tupfen.
2. Alle Zutaten in einen Standmixer geben und mit einander durchmixen.
3. Anschließend den Smoothie in ein Glas oder eine Tasse geben und genießen.

118. Weintrauben-Pekannuss-Smoothie

Zutaten für 1 Portion:

- 100 g kernlose Tauben
- 40 g Pekannüsse
- 100 ml Erdbeertee
- 1 Prise. Salz

Nährwertangaben pro Portion:

- Kalorien: 324 kcal
- Kohlenhydrate: 87 g
- davon Zucker: 18 g
- Fett: 29 g
- Eiweiß: 7 g

Zubereitungszeit: 3 min

Zubereitung:

1. Die Trauben waschen und trocknen. Die Pekannüsse in einer Pfanne ohne Fett kurz anrösten.
2. Die Zutaten in einen Mixer oder Smoothie-Maker geben und zu einem leckeren Drink verarbeiten.
3. Im Anschluss den Drink in eine Tasse geben und genießen.

119. Spargel-Erdbeere-Smoothie

Zutaten für 1 Portion:

- 4 Stangen Spargel
- 60 g frische Erdbeeren
- 3 Stk. Basilikumblätter
- 100 ml Erdbeertee
- 1 Prise frischen Pfeffer

Nährwertangaben pro Portion:

- Kalorien: 34 kcal
- Kohlenhydrate: 6 g
- davon Zucker: 4 g
- Fett: 0 g
- Eiweiß: 2 g

Zubereitungszeit: 3 min

Zubereitung:

1. Den Spargel von der Schale und den holzigen Enden befreien und für ca. 15 Minuten in etwas Salzwasser kochen.
2. Im Nachgang alle Zutaten in den Mixer geben und zu einem schmackhaften Shake verarbeiten.
3. Den leckeren Shake in ein Glas füllen und schmecken lassen.

120. Wasabi-Aprikosen-Smoothie

Zutaten für 1 Portion:

- 1 Stk. Aprikose
- 100 ml Apfeltee
- 50 g Magerquark
- 1 Msp. Wasabi-Paste
- ½ TL Apfelessig
- 1 Spritzer Süßstoff

Nährwertangaben pro Portion:

- Kalorien: 65 kcal
- Kohlenhydrate: 10 g
- davon Zucker: 8 g
- Fett: 0 g
- Eiweiß: 7 g

Zubereitungszeit: 3 min

Zubereitung:

1. Die Aprikose grob zerteilen und mit den übrigen Zutaten in einen Standmixer oder Smoothie-Maker geben und mixen.
2. Den leicht scharfen Shake in ein Glas oder Mitnehmflasche geben und genießen.

121. Limetten-Chili-Smoothie

Zutaten für 1 Portion:

- 2 Stk. kernlose Limetten
- 3 Stk. frische Erdbeeren
- 1 Stk. Chilischote
- 1 TL Honig
- 1 Glas Eiswasser

Nährwertangaben pro Portion:

- Kalorien: 179 kcal
- Kohlenhydrate: 28 g
- davon Zucker: 23 g
- Fett: 0 g
- Eiweiß: 4 g

Zubereitungszeit: 2 min

Zubereitung:

1. Die Limetten schälen und von eventuellen Kernen befreien.
2. Die Zutaten allesamt in den Mixer geben und durchmixen.
3. In Anschluss den Shake in ein Glas oder eine Tasse füllen und trinken.

122. Koriander-Papaya-Smoothie

Zutaten für 1 Portion:

- 3 Stk. Papayakerne
- ½ Bund Koriander inkl. Wurzel
- 30 g Papaya
- 40 g Frischkäse
- 1 Glas Eiswasser

Nährwertangaben pro Portion:

- Kalorien: 123 kcal
- Kohlenhydrate: 12 g
- davon Zucker: 8 g
- Fett: 6 g
- Eiweiß: 5 g

Zubereitungszeit: 3 min

Zubereitung:

1. Die Korianderwurzel gut waschen und grob zerkleinern. Die Papaya ebenfalls grob zerkleinern.
2. Die Zutaten zusammen in den Mixer geben und zu einem aromatischen Shake verarbeiten.
3. Im Nachgang den Shake in ein Glas oder eine Mitnehmflasche geben und genießen.

123. Brennnessel-Mandarinen-Smoothie

Zutaten für 1 Portion:

- 1 Stk. kernlose Mandarine
- 30 g frische Brennnessel
- 100 ml Brennnesseltee
- 1 Prise Salz

Nährwertangaben pro Portion:

- Kalorien: 87 kcal
- Kohlenhydrate: 12 g
- davon Zucker: 0 g
- Fett: 1 g
- Eiweiß: 7 g

Zubereitungszeit: 3 min

Zubereitung:

1. Die Brennnessel waschen und trocken tupfen.
2. Die Zutaten zusammen in einem Mixer oder Smoothie-Maker gut durch pürieren.
3. Den fertigen Drink in ein Glas oder eine Tasse füllen und schmecken lassen.

124. Löwenzahn-Honig-Smoothie

Zutaten für 1 Portion:

- 4 Löwenzahn Köpfe
- 30 g Löwenzahnblätter
- 250 ml Eiswasser
- 2 TL Honig
- 1 Spritzer Limettensaft

Nährwertangaben pro Portion:

- Kalorien: 80 kcal
- Kohlenhydrate: 18 g
- davon Zucker: 15 g
- Fett: 0 g
- Eiweiß: 1 g

Zubereitungszeit: 3 min

Zubereitung:

1. Den Löwenzahn gut waschen und trocken tupfen.
2. Alle Zutaten in einen Standmixer geben und zu einem außergewöhnlichen Smoothie vermixen.
3. Den lecker schmeckenden Smoothie in eine Tasse oder eine Mitnehmflasche füllen und trinken.

134. Radicchio-Orangen-Smoothie

Zutaten für 1 Portion:

- 1 Stk. kernlose Orange
- 20 g Radicchio
- 20 g Kräuterfrischkäse
- 100 ml Rooibostee Vanille
- 1 TL Honig

Nährwertangaben pro Portion:

- Kalorien: 162 kcal
- Kohlenhydrate: 68 g
- davon Zucker: 23 g
- Fett: 5 g
- Eiweiß: 2 g

Zubereitungszeit: 5 min

Zubereitung:

1. Die Orangen schälen und gegebenenfalls von vorhandenen Kernen befreien.
2. Die Zutaten in einem Mixer zu einem cremigen Smoothie verarbeiten.
3. Den cremigen Smoothie in eine Tasse oder ein Glas geben und genießen.

126. Avocado-Rosmarin-Smoothie

Zutaten für 1 Portion:

- 3 Rosmarinnadeln
- ½ Stk. Avocado
- 100 ml Natur Molke
- 40 ml Naturtrüben Apfelsaft
- 1 Spritzer Süßstoff nach Belieben

Nährwertangaben pro Portion:

- Kalorien: 316 kcal
- Kohlenhydrate: 30 g
- davon Zucker: 1 g
- Fett: 22 g
- Eiweiß: 4 g

Zubereitungszeit: 5 min

Zubereitung:

1. Die Zutaten in einem Mixer zu einem feinen Smoothie verarbeiten.
2. Im Anschluss den feinen Smoothie in ein Glas füllen und schnell trinken.

127. Ginseng-Seidentofu-Smoothie

Zutaten für 1 Portion:

- 30 g Seidentofu
- 120 ml Vanille Sojamilch
- 1 TL Ginseng Pulver
- 1 Spritzer Süßstoff nach Belieben

Nährwertangaben pro Portion:

- Kalorien: 425 kcal
- Kohlenhydrate: 81 g
- davon Zucker: 7 g
- Fett: 6 g
- Eiweiß: 13 g

Zubereitungszeit: 5 min

Zubereitung:

1. Die Zutaten in einem Standmixer oder Smoothie-Maker zu einem leckeren Drink verarbeiten.
2. Im Nachgang den leckeren Drink in ein Glas oder eine Tasse geben und trinken.

128. Hagebutten-Smoothie

Zutaten für 1 Portion:

- 40 g getrocknete Hagebutten
- 100 ml Hagebuttentee
- 1 Stk. Zitrone
- 1 Spritzer Süßstoff

Nährwertangaben pro Portion:

- Kalorien: 59 kcal
- Kohlenhydrate: 12 g
- davon Zucker: 3 g
- Fett: 0 g
- Eiweiß: 1 g

Zubereitungszeit: 5 min

Zubereitung:

1. Die Zitrone halbieren und auspressen.
2. Die übrigen Zutaten mit dem Zitronensaft in einen Mixer geben und zu einem Smoothie mixen.
3. Im Anschluss den Smoothie in ein Glas oder eine Mitnehmflasche füllen und trinken.

129. Algen-Mango-Smoothie

Zutaten für 1 Portion:

- ½ Stk. Mango
- 80 g griechischer Joghurt
- 1 Stk. Limette
- 1 TL Algenpulver
- 1 Spritzer Süßstoff nach Belieben

Nährwertangaben pro Portion:

- Kalorien: 148 kcal
- Kohlenhydrate: 29 g
- davon Zucker: 27 g
- Fett: 1 g
- Eiweiß: 5 g

Zubereitungszeit: 5 min

Zubereitung:

1. Die Limette halbieren und auspressen.
2. Im Anschluss alle Zutaten in einem Standmixer zu einem Shake verarbeiten.
3. Den Shake in ein Glas füllen und zügig trinken.

130. Butternut Kürbis-Smoothie

Zutaten für 1 Portion:

- 30 g Butternut Kürbis
- 80 g Magerquark
- 2 EL natives Olivenöl
- 30 ml Sojamilch
- 1 Prise Salz

Nährwertangaben pro Portion:

- Kalorien: 173 kcal
- Kohlenhydrate: 5 g
- davon Zucker: 3 g
- Fett: 10 g
- Eiweiß: 11 g

Zubereitungszeit: 5 min

Zubereitung:

1. Alle Zutaten in einem Mixer oder Smoothie-Maker zu einem sehr schmackhaften Shake verarbeiten.
2. Den schmackhaften Shake in eine Tasse geben und genießen.

131. Schoko-Kirsch-Smoothie

Zutaten für 1 Portion:

- 80 g kernlose Sauerkirschen
- 100 ml Magermilch
- 40 g Schoko-Eiweißpulver

Nährwertangaben pro Portion:

- Kalorien: 252 kcal
- Kohlenhydrate: 22 g
- davon Zucker: 5 g
- Fett: 1 g
- Eiweiß: 35 g

Zubereitungszeit: 2 min

Zubereitung:

1. Alle Zutaten in einem Mixer oder Smoothie-Maker zu einem leckeren süßen Shake verarbeiten.
2. Anschließend den Shake in eine Tasse oder ein Glas geben und genießen.

132. Schoko-Kokos-Smoothie

Zutaten für 1 Portion:

- 80 g Magerquark
- 20 g geraspelte Xylit Schokolade
- 20 ml Kokosmilch
- 20 g Kokosraspeln

Nährwertangaben pro Portion:

- Kalorien: 234 kcal
- Kohlenhydrate: 5 g
- davon Zucker: 3 g
- Fett: 18 g
- Eiweiß: 11 g

Zubereitungszeit: 2 min

Zubereitung:

1. Alle Zutaten zusammen in einem Mixer zu einem schmackhaften Drink verarbeiten.
2. Im Anschluss den fertigen Drink in eine Tasse oder ein Glas füllen und trinken.

133. Traube-Nuss-Smoothie

Zutaten für 1 Portion:

- 80 g kernlose helle Trauben
- 40 g Haselnüsse
- 100 g griechischer Joghurt
- ½ TL entölter Kakao
- 1 Prise Salz
- 1 Spritzer Süßstoff

Nährwertangaben pro Portion:

- Kalorien: 430 kcal
- Kohlenhydrate: 79 g
- davon Zucker: 19 g
- Fett: 31 g
- Eiweiß: 15 g

Zubereitungszeit: 2 min

Zubereitung:

1. Die Haselnüsse in einer Pfanne ohne Fett anrösten.
2. In einem Standmixer oder Smoothie-Maker die Zutaten zu einem cremigen Drink verarbeiten.
3. In Nachgang den cremigen Drink in eine Tasse füllen und genießen.

134. Kirsch-Zartbitter-Smoothie

Zutaten für 1 Portion:

- 40 g kernlose Kirschen
- 30 g geraspelte Zartbitterschokolade
- 100 g fettarme Milch
- 1 Spritzer Süßstoff

Nährwertangaben pro Portion:

- Kalorien: 228 kcal
- Kohlenhydrate: 26 g
- davon Zucker: 14 g
- Fett: 11 g
- Eiweiß: 5 g

Zubereitungszeit: 2 min

Zubereitung:

1. Die Kirschen waschen und eventuell entkernen.
2. Im Anschluss alle Zutaten in einen Smoothie-Maker oder Standmixer geben und vermixen.
3. Den Shake in ein Glas oder eine Mitnehmflasche füllen und schmecken lassen.

135. Kiwi-Vanille-Smoothie

Zutaten für 1 Portion:

- 1 Stk. Kiwi
- 1 Vanilleschote
- 100 g Buttermilch
- 40 g Vanillepulver
- 1 Prise Salz

Nährwertangaben pro Portion:

- Kalorien: 489 kcal
- Kohlenhydrate: 105 g
- davon Zucker: 66 g
- Fett: 5 g
- Eiweiß: 9 g

Zubereitungszeit: 2 min

Zubereitung:

1. Die Kiwi schälen und grob zerkleinern.
2. In einem Mixer die Zutaten zusammen verarbeiten.
3. Den Smoothie in ein Glas oder eine Tasse geben und trinken.

136. Eiskaffee-Smoothie

Zutaten für 1 Portion:

- 200 ml Kaffee
- 1 Kugel Vanilleeis
- 1 Spritzer Süßstoff

Nährwertangaben pro Portion:

- Kalorien: 11 kcal
- Kohlenhydrate: 4 g
- davon Zucker: 0 g
- Fett: 1 g
- Eiweiß: 0 g

Zubereitungszeit: 2 min

Zubereitung:

1. Die Zutaten in einem Mixer oder Smoothie-Maker zu einem leckeren Smoothie verarbeiten.
2. Im Nachgang den Smoothie in eine Tasse geben und genießen.

137. Nuss-Nougat-Smoothie

Zutaten für 1 Portion:

- 150 ml Haselnussmilch
- 40 g Nougat Eiweißpulver
- 1 TL geraspelte Haselnüsse
- 1 Spritzer Süßstoff

Nährwertangaben pro Portion:

- Kalorien: 276 kcal
- Kohlenhydrate: 13 g
- davon Zucker: 6 g
- Fett: 9 g
- Eiweiß: 31 g

Zubereitungszeit: 2 min

Zubereitung:

1. Die Zutaten zusammen in einem Standmixer zu einem schmackhaften Drink verarbeiten.
2. Im Anschluss den Smoothie in eine Tasse oder eine Mitnehmflasche geben und trinken.

138. Erdnuss-Karamell-Smoothie

Zutaten für 1 Portion:

- 100 ml fettarme Milch
- 40 g Erdnüsse
- 20 g Zartbitterschokolade
- 4 Tropfen Karamellaroma
- ½ TL entölter Kakao

Nährwertangaben pro Portion:

- Kalorien: 409 kcal
- Kohlenhydrate: 21 g
- davon Zucker: 12 g
- Fett: 28 g
- Eiweiß: 15 g

Zubereitungszeit: 2 min

Zubereitung:

1. Die Schokolade, wenn nicht schon geraspelt, über eine Küchenreibe fein raspeln.
2. Dann alle Zutaten in einem Mixer gründlich durchmixen.
3. Im Anschluss den Shake in eine Tasse oder ein Glas geben und trinken.

139. Kokos-Rum-Schoko-Smoothie

Zutaten für 1 Portion:

- 100 ml fettarme Milch
- 40 g geröstete Kokosraspeln
- 20 g Zartbitterschokolade
- 3 Tropfen Rum-Aroma
- ½ TL entölter Kakao
- 1 Prise Pfeffer

Nährwertangaben pro Portion:

- Kalorien: 437 kcal
- Kohlenhydrate: 24 g
- davon Zucker: 12 g
- Fett: 35 g
- Eiweiß: 8 g

Zubereitungszeit: 2 min

Zubereitung:

1. Die Kokosraspeln in einer Pfanne ohne Zugabe von Fett kurz anrösten.
2. Im Anschluss die Zutaten allesamt in den Mixer geben und gut durchmixen.
3. Den fertigen Smoothie in eine Tasse oder ein Glas geben und schmecken lassen.

140. Molke-Schoko-Smoothie

Zutaten für 1 Portion:

- 100 ml Naturmolke
- 40 g Schokoladen Eiweißpulver
- 250 ml Eiswasser

Nährwertangaben pro Portion:

- Kalorien: 122 kcal
- Kohlenhydrate: 6 g
- davon Zucker: 0 g
- Fett: 0 g
- Eiweiß: 22 g

Zubereitungszeit: 2 min

Zubereitung:

1. Die Zutaten alle in einen Standmixer oder Smoothie Maker geben und gut durchmixen.
2. Im Nachgang den fertigen Drink in ein Glas geben und schmecken lassen.

141. Bloody-Mary-Smoothie

Zutaten für 1 Portion:

- 1 Stange Staudensellerie
- 1 Stk. rote Chilischote
- 80 ml Tomatensaft
- 150 ml Eiswasser
- 1 Prise Salz
- 1 Schuss Tabasco

Nährwertangaben pro Portion:

- Kalorien: 470 kcal
- Kohlenhydrate: 28 g
- davon Zucker: 5 g
- Fett: 27 g
- Eiweiß: 27 g

Zubereitungszeit: 2 min

Zubereitung:

1. Alle Zutaten in einen Mixer geben und zu einem leckeren Drink verarbeiten.
2. Den Drink in ein Glas füllen und schmecken lassen.

142. Malibu-Smoothie

Zutaten für 1 Portion:

- 1 Stk. kernlose Orange
- 100 ml Kokoswasser
- 1 EL geraspelte Kokosflocken
- 150 ml Eiswasser
- 4 Tropfen Rum Aroma

Nährwertangaben pro Portion:

- Kalorien: 214 kcal
- Kohlenhydrate: 25 g
- davon Zucker: 16 g
- Fett: 13 g
- Eiweiß: 2 g

Zubereitungszeit: 5 min

Zubereitung:

1. Die Orange von der Schale befreien und grob zerkleinern.
2. Im Anschluss alle Zutaten in einen Mixer oder einen Smoothie Maker geben und gut durchmixen.
3. Den fertigen Smoothie in ein Glas füllen und schmecken lassen.

143. Pina Colada-Smoothie

Zutaten für 1 Portion:

- 1 Stk. kernlose Orange
- 50 ml Kokosmilch
- 50 g Ananasstücke
- 150 ml Eiswasser
- 3 Tropfen Rum Aroma

Nährwertangaben pro Portion:

- Kalorien: 195 kcal
- Kohlenhydrate: 26 g
- davon Zucker: 22 g
- Fett: 10 g
- Eiweiß: 2 g

Zubereitungszeit: 5 min

Zubereitung:

1. Die Orange von der Schale befreien und grob zerkleinern.
2. Die Zutaten allesamt in den Mixer geben und gut vermixen.
3. Im Nachgang den Shake in ein Glas geben und trinken.

144. Hugo-Smoothie

Zutaten für 1 Portion:

- 2 Stk. Minzblätter
- ½ Stk. Zitrone
- 100 ml hellen Traubensaft
- 40 g Holunderblütensirup
- 150 ml Eiswasser

Nährwertangaben pro Portion:

- Kalorien: 201 kcal
- Kohlenhydrate: 48 g
- davon Zucker: 32 g
- Fett: 0 g
- Eiweiß: 0 g

Zubereitungszeit: 5 min

Zubereitung:

1. Die Minzblätter waschen, trocken tupfen und die Zitrone halbieren und auspressen.
2. In einem Mixer oder Smoothie Maker alle Zutaten zu einem schmackhaften Hugo verarbeiten.
3. Anschließend den Hugo-Drink in ein Glas geben und genießen.

145. Erdbeer-Daiquiri-Smoothie

Zutaten für 1 Portion:

- 5 Stk. Erdbeeren
- 5 Stk. Blatt Zitronenmelisse
- 4 Tropfen Rum Aroma
- 250 ml Eiswasser

Nährwertangaben pro Portion:

- Kalorien: 37 kcal
- Kohlenhydrate: 7 g
- davon Zucker: 6 g
- Fett: 0 g
- Eiweiß: 1 g

Zubereitungszeit: 5 min

Zubereitung:

1. Die Erdbeeren waschen und von dem Grün befreien. Die Zitronenmelissen-Blätter ebenfalls waschen und trocken tupfen.
2. Alle Zutaten in einem Standmixer gut verarbeiten.
3. Den fertigen Smoothie in ein Glas geben und trinken.

146. Long-Island-Icetea-Smoothie

Zutaten für 1 Portion:

- 1 Stk. Pfirsich
- 1 Stk. Zitrone
- 4 Stk. Minzblätter
- 100 ml Zitronentee
- 250 ml Eiswasser
- 1 Spritzer Süßstoff

Nährwertangaben pro Portion:

- Kalorien: 158 kcal
- Kohlenhydrate: 38 g
- davon Zucker: 31 g
- Fett: 1 g
- Eiweiß: 2 g

Zubereitungszeit: 5 min

Zubereitung:

1. Den Pfirsich waschen, entkernen und grob zerkleinern. Die Zitronen pressen und die Minzblätter waschen und trocken tupfen.
2. Die Zutaten alle zusammen in einem Mixer zu einem leckeren Drink verarbeiten.
3. Den leckeren Drink in ein Glas geben und genießen.

147. Margarita-Smoothie

Zutaten für 1 Portion:

- 2 Stk. kernlose Limetten
- 250 ml Eiswasser
- 3 EL Orangensaft
- 1 Tropfen Bitteraroma
- 1 Prise Salz

Nährwertangaben pro Portion:

- Kalorien: 79 kcal
- Kohlenhydrate: 4 g
- davon Zucker: 4 g
- Fett: 1 g
- Eiweiß: 1 g

Zubereitungszeit: 5 min

Zubereitung:

1. Die Limetten schälen und filetieren.
2. Die Zutaten alle zusammen in einen Mixer oder Smoothie-Maker zu einem schmackhaften Drink verarbeiten.
3. Im Anschluss den Drink in ein Glas füllen und schmecken lassen.

148. Aperol-Spritz-Smoothie

Zutaten für 1 Portion:

- 1 Stk. Blutorange
- 50 ml Cranberry Saft
- 250 ml Eiswasser
- 1 Spritzer Angus Bitteraroma

Nährwertangaben pro Portion:

- Kalorien: 75 kcal
- Kohlenhydrate: 16 g
- davon Zucker: 14 g
- Fett: 1 g
- Eiweiß: 1 g

Zubereitungszeit: 5 min

Zubereitung:

1. Die Blutorange halbieren und auspressen.
2. Die Zutaten allesamt in einen Standmixer oder Smoothie-Maker geben und verarbeiten.
3. Den fertigen Smoothie in ein Glas geben und genießen.

149. Gin-Tonic-Smoothie

Zutaten für 1 Portion:

- 2 Stk. Wacholderbeeren
- ¼ Stk. Gurke
- 1 Stk. Zitrone
- 250 ml Eiswasser

Nährwertangaben pro Portion:

- Kalorien: 32 kcal
- Kohlenhydrate: 9 g
- davon Zucker: 3 g
- Fett: 1 g
- Eiweiß: 1 g

Zubereitungszeit: 5 min

Zubereitung:

1. Die Zitrone halbieren und auspressen.
2. Alle Zutaten in einem Standmixer zu einem leckeren Shake verarbeiten.
3. Den fertigen Shake in ein Glas füllen und genießen.

150. Cuba-Libre-Smoothie

Zutaten für 1 Portion:

- 1 Stk. kernlose Limette
- 250 ml Eiswasser

Nährwertangaben pro Portion:

- Kalorien: 31 kcal
- Kohlenhydrate: 1 g
- davon Zucker: 1 g
- Fett: 0 g
- Eiweiß: 1 g

Zubereitungszeit: 2 min

Zubereitung:

1. Alle Zutaten in einem Mixer verarbeiten.
2. Den Drink in ein Glas gießen und trinken.

Schlusswort

Wir hoffen Ihnen schmecken unsere 150 leckeren und vielfältigen Smoothie Rezepte und wünschen Ihnen viel Erfolg beim Abnehmen und Ihrem Weg zu einer gesünderen Ernährung!

REZEPTE PROFIS

Weitere Kochbücher von den Rezepte Profis

Suchen Sie nach weiteren leckeren Rezepten? Dann empfehlen wir Ihnen unsere anderen Kochbücher mit 150 vielfältigen Rezepten!

https://www.amazon.de/dp/173084751X

Kontaktgrill Rezepte: Das Kochbuch mit 150 Rezepten für den Kontaktgrill! Leckere vielfältige Gerichte und alles, was Sie über den Kontaktgrill wissen müssen (inkl. Nährwertangaben)

ISBN-13: 978-1730847516

https://www.amazon.de/dp/1731340168

Dutch Oven Rezepte: Das Kochbuch mit 150 Rezepten für die Outdoor Küche! Ob draußen beim Camping, am Lagerfeuer oder Zuhause. Mit dem Black Pot einfach und lecker kochen (inkl. Nährwertangaben)

ISBN-13: 978-1731340160

https://www.amazon.de/dp/1790589444/

Heißluftfritteuse Rezepte: Das Kochbuch mit 150 Rezepten für die Heißluftfritteuse. Leckere vielfältige Gerichte für den Airfryer - Gesund kochen und frittieren ohne Öl (inkl. Nährwertangaben)

ISBN-13: 978-1790589449

Rechtliches

Impressum

Rezepte Profis wird vertreten durch:

Noah Malik
Michaelispassage 5
20459 Hamburg

Coverbilder:
marcin jucha, Teri Virbickis, Tatiana Bralnina, Bozhena Melnyk, Irina Meliukh | shutterstock.com

Haftung für externe Links

Das Buch enthält Links zu externen Webseiten Dritter, auf deren Inhalt der Autor keinen Einfluss hat. Deshalb kann für die Inhalte externer Inhalte keine Gewähr übernommen werden. Für die Inhalte der verlinkten Webseiten ist der jeweilige Anbieter oder Betreiber der Webseite verantwortlich. Die verlinkten Seiten wurden zum Zeitpunkt der Verlinkung auf mögliche Rechtsverstöße überprüft. Rechtswidrige Inhalte waren zum Zeitpunkt der Verlinkung nicht erkennbar. Eine permanente inhaltliche Kontrolle der verlinkten Webseiten ist jedoch ohne konkrete Anhaltspunkte einer Rechtsverletzung nicht zumutbar. Bei Bekanntwerden von Rechtsverletzungen werden derartige Links umgehend entfernt.

Printed in Germany
by Amazon Distribution
GmbH, Leipzig

16685920R00100